WOHER? WOZU? WOHIN? WAS IST DER SINN?

ERMUTIGENDE
EINSICHTEN UND INSPIRATIONEN
EINER SUCHENDEN SEELE

GEDICHTE

Maria Winkler

Impressum

Bibliografische Information der Deutschen Nationalbibliothek:
Die Deutsche Nationalbibliothek verzeichnet diese Publikation in der Deutschen
Nationalbibliografie; detaillierte bibliografische Daten sind im Internet
über http://dnb.dnb.de abrufbar.

© 2020 Gedichte und Bilder: Winkler, Maria
                    kontakt@woher-wozu-wohin.de

Herstellung und Verlag: BoD – Books on Demand, Norderstedt

ISBN: 978-3-75195-752-6

Inhaltsverzeichnis

II

Vorwort

Diese Gedichte werden veröffentlicht, um suchende, fragende Menschen zu ermutigen, weiter zu suchen, zu fragen und zu üben, aufrichtig nach innen zu horchen.

Jesus Christus hat gesagt: „Meine Schafe hören Meine Stimme!"

In der Stille hat die Verfasserin während mehrerer Jahrzehnte in zahlreichen ausweglos erscheinenden Situationen persönliche Ermutigung und manche Antworten geschenkt bekommen und etliche Nöte und Einsichten in Gedichtform niedergeschrieben und einige Bilder gemalt.

Dank gilt in erster Linie der immer wieder erlebten himmlischen Hilfe, aber auch Menschen wie
Marija Lehofer - durch sie fand die 20jährige Maria Winkler raus aus der linksradikalen Szene und wurde angeleitet, täglich in der Stille die persönliche Begegnung mit dem auferstandenen Jesus Christus zu suchen und Tagebuch zu schreiben,
Dr. George Ritchie und
Frère Roger Schutz, dem Gründer von Taizé.
In der Nähe, im Gespräch und in den liebevollen Augen dieser drei entschiedenen Christus-Nachfolger war etwas von Seinem Licht und Seiner unbeschreiblichen Liebe zu erleben.

Die tröstende, ermutigende, beglückende, persönliche Beziehung zum auferstandenen Jesus Christus wünschen wir allen Leserinnen, Lesern und all den Menschen, denen diese Gedichte vorgelesen werden.

Anfang des Lebens

Am Anfang des Lebens hier auf Erden:
Der Atem.
Nach Atem ringend nach der Geburt Beschwerden. -
Der Atem erquickt, wendet die Not.
Ihn schenkt uns Gott.

ER schuf den Körper uns aus schwerer Erde.
Und damit lebendig dieser werde,
haucht ER Leben in ihn hinein.
Wie kann das sein?
Verstehen kann dies mein Verstand noch nicht.
Doch die Liebe, sie bringt mir manches Licht:

Aus Liebe geschaffen einst im leichten, lichten Himmelsgefilde
zum Gegenüber, IHM zum Bilde.
Ganz am Anfang zum freien Wesen,
zum „du", zum Gespräch, so scheint's gewesen.

Doch leider verirrten wir uns auf dem Weg,
bewegen uns nun auf manch unsich'rem Steg.
Zur Reifung sind wir gelandet in dieser Welt,
sehen oft Schleier nur, Irrsinn oft, fern scheint das Himmelszelt.
Ringen nach Luft, nach Liebe, nach Hoffnung hier,
gefangen in Ängsten, verzweifeln oft schier.

Ohne Atem - kein Leben
und auch keine Worte…
Ganz am Anfang da war SEIN Wort.
Es tönt noch heute; – doch an diesem Ort,
dieser lauten Erde,
diesem staub'gen „Stirb und Werde",
diesem Getümmel ohne Grenzen
gibt es kaum noch Menschen,
die lauschen auf IHN.

Doch du, horch du zu IHM hin!
Verstopfe die fleischernen, irdischen, äußeren Ohren.
Öffne des Herzens feinste Poren
und lerne im Innern zu horchen, zu forschen, zu lauschen.
Dann – sanfter als leisestes Meeresrauschen -
wirst du finden
und nach und nach ergründen
mit welchem Ziel
deine Seele auf diese Erde fiel.

Antwort in der Stille
an verzagte, unfreiwillig geschiedene Mutter mit 4 Kindern

Alle Sorgen lege ich Dir hin!
Bitte, hilf Du mir!
Christus, Jesus, Du bist mein Heiland, mein Lehrer, mein Freund!

„Danke du in allen Dingen!
Erkenne das Wesentliche!
Finde den Frieden, der höher ist als alle Vernunft!
Glaube felsenfest, dass Meine Liebe stärker ist als der Tod und alles
    Dunkel dieser Welt!
Hoffe stets das Allerbeste!
ICH bin der Weg, die Wahrheit und das Leben:
Jesus Christus, der Auferstandene,
König, Bräutigam all der Seelen, die ihn lieben!
Liebe ist Mein Gebot, Mein Weg, Mein Ziel!
Mache dich auf!
Nimm all deinen Mut!
Opfere deinen Egoismus!
Pflege die Beziehung zu Mir!
Quäle dich nicht mehr mit Altem, Vergangenem rum!
Richte dich ganz aus auf Meine Liebe und Mein Licht!
Sorge dich nicht!
Trage geduldig!
Unterscheide die Geister!
Vertraue ganz und gar Meiner Führung und vergiss niemals, was dir

schon Gutes widerfahren ist!
Wisse, dass ICH der Herr bin!
Zweifle nicht!"

Auferstehung

ER ist auferstanden
aus Todesbanden!

ER besiegte den Tod!
ER rettet aus aller Not!

ER hilft auch dir, –
ja, glaub' es mir!

ER wischt alle Tränen ab,
hilft auch dir aus deinem Grab.

ER schenkt dir Sein Auferstehungsleben,
denn zu deiner Erlösung hat ER sich ergeben.

ER, der voller Liebe ist,
ruft dir zu: „Komm wie du bist!"

ER, der überwand all Hohn und Schmach,
ER bittet dich: „Du, folg' Mir nach!"

Aufforderung

in der Nacht:

„Schreibe!
Licht und Finsternis, –
Licht und Unlicht, –
in diese Gegensätze
seid ihr hineingestellt
und dürft euch hier bewähren, erproben.

Ja, durch Loben,
den Blick nach oben,
durch Bitten und Danken
überwindet ihr Schranken.

Durch euer Lieben
wird vertrieben,
was euch will trennen
vom wahren Ziel.

Es braucht nicht viel.
Es braucht euer Sehnen,
euer Ausstrecken, Ausdehnen
hin zum Guten, zum Wahren,
zum Echten, zum Klaren!
All dies wird bewahren
euch vor Irrtum viel.

Ja, suchet das Ziel,
suchet den Sinn!
Wendet euch hin
ganz zu Gott –
und alle Not,
alle Fragen
könnt ihr hintragen
hin zu Dem, der euch ruft:
„Kommet her zu Mir alle,
die ihr mühselig und beladen seid!"

ER wird euch erquicken,
euch Hilfe schicken:
Trost und Hoffnung, neues Vertrauen.
Ihr könnt bauen, vertrauen,
stets auf IHN schauen:

ER ist der Fels, der Hort,
der in einem fort
von Anbeginn der Zeit
bis in alle Ewigkeit
euch liebt
und euch gibt,
was ihr braucht zum Leben:

Licht und Kraft,
Freude und Macht
über alles Dunkel,
über Gemunkel,
über Lüge und Neid,
über Unfrieden und Streit,
über Angst und Schrecken.

ER will erwecken
Alle zum wahren Leben,
denn ER hat sich hingegeben
zum Opfer, zur Brück`,
damit niemand bleibt zurück,
damit Alle kommen heim
ins himmlische Licht.

Vergesst dies nicht!
ER hat es vollbracht,
ER ist die stärkste Macht.
Drum wende dich hin zu IHM,
fang' an in Liebe zu glühn.

Sei dankbar!"

Aufwachen

Licht bringt Freiheit,
befreit von der Dunkelheit
der Gefangenschaft,
erleuchtet Alles.

Solange ich noch im Ego lebe,
noch manches verstecken,
verdecken, verbergen muss,
scheue ich das Licht,
erwache ich noch nicht.
Lebe im Traum, lebe im Wahn,
der nicht echtes Leben sein kann.

Doch ich sehne mich nach Licht, nach Wahrheit.
Da mir vergeben wurde, brauche ich nichts mehr zu verstecken,
kann Dein Licht in alle Ecken
meines Denkens, Fühlens, Wollen
hineinscheinen lassen.
Alles aufdecken lassen.

Dein Licht durch mich hindurch leuchten lassen.
Jedes Atom, jede Zelle, jeden Gedanken,
jedes Gefühl durch Dein Licht in mir zum Leuchten,
zum Lieben, zur Wachheit,
zur Wahrheit bringen lassen.
-        Noch kann ich es nicht richtig fassen.

Aufwachen, Licht, Tag - Bewusstsein.
Die Wahrheit zeigt ihre göttliche Kraft darin,
dass sie den in Lüge, Selbsttäuschungen, Ängsten und
Verurteilungen gefangenen Menschen frei macht
zur unverstellten Wahrnehmung der Wirklichkeit
und einem Wandel in der Wahrheit, in Wachheit,
im Licht und in der Liebe.
Dann kann ich erkennen den Sinn meines Lebens:

Licht in dieser Welt sein,
nicht mehr ängstlich mein Licht unter den Scheffel stellen,
sondern in der Gewissheit, dass es Dein Licht ist,
das durch mich in diese Dunkelheit fließen möchte,
Deine Wahrheit, Deine Liebe und Deine Erlösung
und Vergebung verkünden!

Ausweg

Frage: Warum erlebe ich immer wieder Stunden, Tage enormer Schwere, Erschöpfung und teilweise Gefühle von Ausweglosigkeit?

Antwort in der Stille:
„Wirrnis, Irrgarten, Labyrinth!
Ja, Mein Kind.
Erdenschwere,
wenn dies nicht wäre,
wie ein Schmetterling
würdest du jedes Ding
umarmen, küssen, verehren.
Doch dies Leben will dich lehren:

Weise zu werden,
dich zu erden,
damit du lernst unterscheiden
und das Falsche vermeiden
und zum Echten, Wahren dich ausrichten.
Irrtümer werden dich nicht vernichten,
sondern helfen dir,
damit du suchst nach Mir.

Die Lehre
dieser Erde: Ehre
allein Gott, den Schöpfer,
den Töpfer,
den Erschaffer, Erbauer,
all dessen, was von Dauer.

Werde frei von Nichtigkeit,
erkenne die Wichtigkeit
der Liebe und der Wahrheit!

Dann kommt Klarheit
in dein Leben.
Dies wird dir geben
den roten Faden,
damit auf allen Pfaden
du die Orientierung bekommst,
dich nicht mehr verrennst,
sondern erkennst
und bekennst:
Gott hat gezeigt und gegeben:
Den Weg, die Wahrheit, das Leben!"

Befreiung

Danke, dass ich in meinem Leben mehr und mehr erlebe,
dass durch Deine Liebe,
durch die Kraft Deines heiligen, heilenden Geistes,
durch Dein Auferstehungsleben
Du, Jesus Christus, uns befreist:

von Ängsten und Abhängigkeiten und Aktionismus
von Bedrohung und Bedrückung
von Chaos
von Depressionen und Duckmäusertum
von Egoismus, Enttäuschungen und Erschöpfung
von Fehlwahrnehmung und Frust
von Gebrochenheit und Geiz
von Habgier, Heuchelei und Hochmut
von Irrsinn und Irrtum

von Jähzorn
von Kritiksucht und Krankheit
von Launen und Lügen
von Mangel und Menschenfurcht
von Neid, Not und Nichtigkeiten
von Oberflächlichkeit und Opferrolle
von Problemen und Peinlichkeiten
von quälenden Gedanken
von Rat- und Ruhelosigkeit
von Schmerzen, Sorgen und Sucht
von Trauer und Trostlosigkeit
von Ungeduld, Unglauben und Unruhe
von Verzagtheit und Verzweiflung
von Wahn und Wut
und von Zorn und Zweifel

und uns zu freien, frohen Gottes Kindern machst!
Danke!

Beharrlichkeit

Gefroren und hart die Erde noch ist
und dennoch an manchen Stellen es sprießt.
Trotz Kälte und Schnee und Eiseszeit
wagt sich ein Pflänzchen heraus ganz weit.

Ein Zeichen der Hoffnung, unglaublich gar,
ein Wunder! Es besieget Jahr für Jahr
den Winter, die Härte mit sanfter Kraft:
Schneeglöckchen hat es ja wieder geschafft.

So halte beharrlich durch auch du
und finde im Glauben die Kraft und Ruh'.
Auch wenn es unmöglich erscheint und du
meinst, es sei viel zu schwer. – Verzage nicht
und wachse hindurch durch das Dunkle -
hin zum Licht!

Bewusstseinserweiterung

Jede Erfahrung,
auch jede Ent-Täuschung
bringt mich näher zum Ziel.

Noch erkenn` ich nicht viel. -
Doch mein Horizont, mein Verstehen,
mein Erkennen weitet sich aus
im Lebenslauf.

Annehmen, akzeptieren, was ich nicht ändern kann,
befreit mich vom Selbermachen-müssen-Wahn.

Vertrauen lernen, dass alles im Leben
zum Guten, zum Segen,
zur Reifung mir gegeben
ist
in dieser Erdenlebensfrist.

Vertrauen will mich erfüllen
mit Ruhe und einhüllen
in Sicherheit,
in Freiheit befreien von Ängstlichkeit.

Mehr und mehr werde ich bereit,
zu sehen meine Lebenszeit
als Weg zurück zur Herrlichkeit.

Raus aus dem dunklen Erdental,
hindurch durch manche schwere Qual,
raus aus dem engen Ego-Denken,
mich mehr und mehr in Liebe zu versenken.

Ahnen, dass im Innersten mir
das Licht leuchtet zurück zu Dir,
der Du stärker bist als alle Angst,

stärker als alle Sorgen, alle Schmerzen,
stärker als aller Kampf und Krieg,
stärker als alle Mächte und Machenschaften,
stärker als alle Nöte, Neigungen und Nichtigkeiten dieser Welt.
Alles Dunkel erhellst DU mit Deinem Licht und Deiner Liebe!

Christusnachfolge

Jesus Christus fordert in schwerer Krise auf:
„Freue dich an Meiner Liebe,
groß ist Meines Herzens Kraft;
trag' du täglich alle Mühe
hin zu Mir, der Alles schafft.

Schau nicht rechts, nicht links, nicht hinter,
sei getrost und geh voran,
so erträgst du Not und Winter;
weißt ja: ICH steh' vorne dran!

Leb' die Liebe, die ICH lebte,
leb' und freue dich gar sehr,
schau auf Mich, der so sehr strebte,
überwand der Ängste Meer.

Angst und Tod wurd' überwunden
durch die Liebe zu Euch all',
durch die Schmach, Mein Leib geschunden,
ward erlöst der Sündenfall.

Sünde kann nicht länger trennen
euch von dem, was wirklich gilt!
Mag die Welt noch kämpfen, rennen, –
ihr tragt Rüstung und tragt Schild.

Schild des Glaubens, ja des Wissens:
Gottes Kraft ist herrlich groß!

Einstmals werden 's alle wissen;
schau'n die Freud' im Vater-Schoß!

Kampf auf Erden, der ist heute,
doch der Sieg ist euch gewiss, –
lass doch reden all die Leute.
Meine Hand doch nie vermiss!

Halte dich ganz fest an Jesus:
ICH, dein Freund, bin dir so nah, -
bin dein Helfer, Retter, Jesus!
Bin ja immer für dich da!

Trau' auf Mich und Meine Führung,
wisse: Gott, der steht zu dir!
Lass` dein Herz durch die Berührung
Meiner Liebe heilen hier!"

Danken

Danken überwindet Schranken,
denn im Danken werden Gedanken
erhoben zu DIR.
Im Danken erhebt sich mein Denken
über den Alltag hinaus: Hin zu DIR,
dem Schöpfer,
dem Erfinder des Universums,
dem Lenker meines Schicksals,
dem Ermöglicher meines Lebens,
dem Kraftgeber für jeden Schritt,
für jeden Atemzug,
für jeden Herzschlag.
Danke!
Ich bin, -
doch nicht aus mir selbst.
DU bist die Kraftquelle,

aus der ich jeden Tag neu den Mut
und die Kraft geschenkt bekomme,
um weiterzugehen, -
trotz Ängsten und Angriffen,
trotz Schwäche und Sorgen,
trotz Verzagtheit und Verzweiflung.
Danke!
DU bist Schöpfer – und Mensch geworden
in Jesus Christus.
Danke, dass ich immer
bewusster aus Deiner Kraft
jeden Tag, jeden Schritt dankbar
durch Dich, mit Dir, zu Dir hingehen darf.
Danke!

Dialog
einer 30jährigen in der Stille

Heiland, Jesus Christus, Du, Gott,
Jehova, Zebaoth, UR, himmlischer Vater,
Heiliger Geist, Du – das Ziel meiner Sehnsucht.
Wer bist Du? Der Bräutigam meiner Seele??
Wie begegne ich Dir?
   „Wenn du treu Mich suchst.“
Warum zieht es mich so?
   „Nur in Mir ist Vollkommenheit, Heil, Trost, Kraft, Friede
      und Hoffnung. Ohne Mich welkst du dahin.
         Mit Mir wirst du zu einer strahlenden Blume auf dieser Erde.“

Ja, wie soll ich Dich ansprechen, welches ist Dein wahrer Name,
welches ist Deine wahre Gestalt?
   „Gar vielfältig sind die Namen, die Mir die Menschen geben
      und auch vielfältig sind die Gestalten, in denen sich die Menschen
         Mich vorstellen – und doch bin ICH ewig der Gleiche, der Eine,
            der Umfassende:
         Als Vater trage ICH dich,

als Freund tröste ICH dich
und Mein Geist will dich so durch und durch erfüllen und
durchdringen, dass du eins mit Mir wirst:
ruhend in der göttlichen Liebe,
hinausstrahlend die göttliche Kraft.

Hüte dich vor Selbstgerechtigkeit
und wisse, dass alle Kraft, die du hast,
ein Geschenk Meiner Gnade ist.
Nichts ist dein Verdienst,
 sondern ICH habe dich eh und je geliebt,
ICH habe dich bei deinem Namen gerufen, – du bist Mein.

Werde darum ganz still und demütig;
öffne du dich ganz bewusst Meiner Führung
und meine nicht, du könntest und müsstest alles entscheiden."

Dichten - verdichten - Gedichte

So viele Gedanken, so viele Aspekte,
die das Leben in mir weckte.

So viel Sehnsucht, so viele Fragen, -
wie kann ich es wagen,
Ahnungen von Antworten in die Welt zu tragen?

Doch Aufforderungen, die mich beim Schreiben
in die Verantwortung treiben:
„Tue kund, was sich in dir vollzieht,
damit du anderen eine Hilfe, eine Brücke wirst!"

Doch es ist so Vieles, gerne möcht' ich es ordnen.
Ich möchte lernen das Wesentliche zu erkennen,
den Kern, das Zentrale. Bitte hilf Du mir dabei!

Es gibt so viele Gegengedanken und tiefe Zweifel:

„Wer liest schon Gedichte?
Die heutige Welt setzt auf andre Gewichte!"

Doch stärker, lichtvoller
und immer wieder:
„Schreibe du Mir neue Lieder!
Lieder der Liebe,
Lieder des Wissen',
tue die Fahne der Freude hissen.

Lass es klingen,
lass es schwingen
hindurch durch dich.
Fürchte dich nicht!"

Durchblick

Echter Durchblick, -
das wäre schick,
wäre erleichternd,
wäre bereichernd,
wäre befreiend,
hieße: Frieden.

Frieden,
der höher ist als ich mir denken kann,
solang ich lebe im Erdenwahn.

Dieser Frieden,
den hienieden
auf diesem Planet`,
wie ein Magnet
eigentlich wohl das Ziel,
das Lernziel ist.

Noch will ich so viel,

renne vorbei am Ziel.

Doch nach und nach
werde ich wach:
erkenne den Tand,
der uns drängt an die Wand,
der uns treibt und uns drückt,
bis wir uns fühlen ver-rückt.

Doch diese Wand, diese Mauer,
ist nicht von Dauer.
Der Nebel lichtet sich,
ich erinnere mich:

Der Vorhang im Tempel ist längst zerrissen,
die himmlische Welt tut uns alle vermissen.

Die tägliche Entscheidung liegt nun bei mir:
Folg` ich dem Ego – oder folge ich DIR?

DU bist die Liebe,
die hilft raus aus dem Getriebe.

DU bist das Licht,
auf DICH ausgericht`,
wird`s in mir Licht!

Einfachheit

Seit Bethlehem - in der Krippe ER lag als Kind -
im Geistigen, da weht nun ein anderer Wind:
Der Höchste wurd` nun zu dem Diener für alle,
wurde ganz klein, lag bei den Tieren im Stalle.
Das Einfachsein, Dienen, als Nahrung sich geben,
aus dieser Tat entsprang neues Leben.

Dies Leben ist stärker als Dunkel und Tod,
auf Golgatha siegte es über die Not.
Schon längst hängt ER nicht mehr am Kreuze im Leide,
sondern steht bei euch, führt zu ewiger Freude.

Kinder der Liebe, ER ruft euch alle:

„Kommt, werdet einfach und betet im Stalle!
Werdet wie Kinder, damit ihr versteht,
dass es Mir stets um die Liebe nur geht!
Liebet, auch wenn ihr fühlt: Ich kann nicht mehr!
Ich sende euch dann Meine Liebe her,
sie stärkt, sie liebt, siegt und kennt keinen Zaun,
überwindet den Tod und alles Grau'n."

In Dankbarkeit werdet ihr einst verstehen,
warum im Leben es musste so gehen:
oft völlig anders als ihr es geplant,
doch Gott ist viel weiser als je ihr ahnt.

Einheit

„Egoismus trennt:
Jeder Einzelne rennt
und kämpft für sein eigenes Haben.

Doch all die vielfältigen Gaben,
die euch gegeben,
wollen Leben geben,
Segen spenden,
Liebe senden,
Licht verteilen,
Herzen heilen,
Frieden leben,
Vergebung geben -
Jedem.

Die Trauben reifen, –
versuch' zu begreifen
dies Gleichnis hier.
Ja, glaube Mir:
Erst gemeinsam gepresst, ausgedrückt,
    -   dem Ego klinkt es verrückt, -
ergeben sie köstlichen Saft,
der schenkt Lebenskraft.

Und Körner gemahlen,
in Großmengen, -zahlen,
sie ergeben das Mehl.
Wenn dieses fehl,
gäb' es kein Brot:
es gäb' Hunger und Not.

So akzeptiere auch du,
dass du findest Ruh',
inneren Frieden und Licht,
wenn du bestehst nicht
mehr aufs Ego und Haben,
sondern lernst andre laben,
helfen und heilen,
deine Liebe verteilen,
zur Freude durchdringen
und in Dankbarkeit singen!

Du bist Teil eines Ganzen,
lerne: lieben und tanzen,
geben und leben
in Freude und Fülle.
Dein Körper ist Hülle
und Vergänglichkeit.
Doch in Ewigkeit bleibt:
Liebe, Licht, Kraft, Einheit und Herrlichkeit."

Erbe

Mehrere irdische Erbschaften wurden versprochen, doch zerronnen,
ehe sie begonnen, weil: nichts Schriftliches. Doch:

Du verheißt uns schriftlich: „Reichtum der Herrlichkeit Deines Erbes"
(Epheser 1,18)
Mache Du mich bereit, um dieses Erbe annehmen, aufnehmen,
verstehen, erkennen zu können:

Auferstehung erleben durch Dich
Befreiung durch Dich,
Christus Jesus!
Durchdrungen werden von Deinem Heiligen Geist; denken an
    Dich, durch Dich
Erkenntnis Deiner Liebe; erleuchtet, erfüllt werden durch
    Deinen Heiligen Geist und ewiges Leben
Frieden geschenkt bekommen
Gnade erhalten; Gespräche mit Dir, gehören Dir, gehorchen Dir
Herrlichkeit erleben
Innig, intim-Sein mit Dir, meine Identität in Dir finden
Jubelnd Deine Schönheit erleben
Klarheit, Kraft, Königskindschaft finden in Dir
Leuchtend werden durch Dich, denn ich möchte Dich lieben lernen
    über alles, mit ganzer Seele, ganzem Herzen, ganzem Verstand,
        ganzem Gemüt
Mut geschenkt bekommen von Dir
Nähe erleben zu Dir
Offenbarung Deiner Größe
Partnerschaft zu Dir angeboten bekommen
Quelle entdecken in Dir
Ruhe erleben bei Dir
Sorgen und Schuld aufgelöst bei Dir
Trost erfahren in Dir
Unterstützung, bekommen von Dir
Vertrauen auf Dich wird nicht enttäuscht
Wunder erleben durch Dich
Zukunft in Deiner Hand wissend => Zufriedenheit und Zuversicht ist
mein Ziel, mein Erbe! Danke!

Erkenntnis

nach Burnout und Oberschenkelhalsbruch morgens beim Aufwachen:
„Veränderungsprozess = Verlebendigungsprozess"

Wie ein Schmetterling im Kokon
vielleicht ahnt die Veränderung schon,
-        doch noch gefangen ist ohne Kraft,
während der Schöpfer das Wunder schafft,

so erlebe ich mein gebremstes Leben:
Würd` gerne Freude weitergeben,
würd` gerne über Hügel fliegen,
gerne diese Schwere besiegen
und voller Farbenpracht
widerspiegeln Gottes Macht,
um bunte Blüten im Sonnenschein
tanzen, - wenn's möglich ist, nicht allein.

Meinem Schöpfer zu ehren,
kann niemand mir wehren,
auch wenn unter Decken
ich möcht` mich verstecken.

Auch wenn ich noch liege,
keine Wärme kriege
in den irdischen Leib,
diesem Erdenkleid,
das vergänglich ist,
gegeben für eines Lebens Frist.

Krankheit und Schwäche ist Phase nur,
damit einst das volle Leben pur
durchpulst mich nach einiger Geduld,
denn ich bin erlöst durch Gottes Huld.
Noch leb` ich gefangen im Kokon,
doch ich strecke mich schon.

Jahrzehntelang hab' ich um Wissen gerungen,

unzähl'ge Bücher wie süchtig verschlungen,
wie `ne hungrige Raupe fast versessen, mich vollgefressen.

Doch vieles so unnötig, unwesentlich!
Hoffentlich unwissentlich
vergaßen die Lehrer uns zu lehren,
dass, um sich für die Ewigkeit zu bewähren,
allein die Liebe zählt. Ja, was zählt ist die Liebe!

Erlösung

Jesus Christus ermutigt verzagte, alleingelassene Mutter:
„Meine Liebe, Mein Licht
verlässt dich nicht!
Sei dir dieser Wahrheit unumstößlich gewiss!

Dies ist die Basis, das Fundament,
auch wenn rund um alle Welt verbrennt.
Dies ist der Halt, der sichere Steg,
der die Wahrheit ist und dein richtiger Weg.

Verlasse dich drauf: Es ist des Lebens Quell`.
So komme schnell
direkt zu Mir, der ewigen Liebe:
ICH tröste, ICH heile und erlöse die Triebe,
befreie von Schmerz, von Bindung und Not,
habe ja selbst überwunden den Tod!

Auch jeglich` erdenkliche menschliche Prob´
konnt` ICH siegreich bestehen, nicht nur den Tod,
nein, alle Versuchung, die bindet euch
an die gefallene Schöpfung noch heut`.

Alles erlöste ICH euch zuliebe.
Folge Mir und du wirst Beherrscher der Triebe!
Kraftvoll und klar,
voll Liebe und wahr
kannst du werden durch MICH,
-        darum fürchte dich nicht!

Auch in der schwierigsten Situation
war ICH schon
und trug den Sieg davon.
Darum nutze dies, ergreife die Chance.
Sieh nicht den Schmerz, mache dich auf zum Tanze!
Zum Tanze der Freude, der Gewissheit, der Realität:
Die Welt ist erlöst, es ist nicht zu spät!

All die Kräfte, die euch drücken mit Ängsten und Sorgen
sind nur noch Phantome, für sie gibt`s kein Morgen.
Sie blähen sich auf, wollen Macht ergreifen.
Doch ihr Menschen, steht auf, werdet wach zu reifen,
zu klaren Vertretern der göttlichen Liebe!
Befreit von jeglichem tierischen Triebe.

Werdet als Gottes Kinder offenbar:
Die ganze Kreatur erlebe euch als wahr
und kann dann selber Hoffnung finden,
dass es Befreiung gibt aus Banden, aus Sünden.

Aus jeglicher Fessel der irdischen Welt
führ ICH euch heraus ganz ohne Geld,
ganz ohne zu fordern, denn ICH liebe euch.
Erfreut euch der Liebe!
ICH habe euch erlöst und freigemacht!"

Ermutigung

Jesus ermutigt in Geldnot:
„Alles wird gut!
Fasse immer wieder neuen Mut!
Mut zum Leben,
Mut zum Geben,
Mut zum Streben
nach Meinem Licht.
Vergiss es nicht:

ICH überwand den Tod,
rette aus aller Not,
bin der Erlöser dein,
will dir die Brücke sein,
raus aus dem Erdental
hin in den Himmelssaal.

Leb' in der Gewissheit hier,
dass du gehörst zu Mir,
dass nichts dich trennen kann
von Mir, dem Gottesmann,
der den Weg bahnte hier
damit alle, ihr,
die die Sehnsucht habt
nicht verweilt im Grab
irdischen Denken';
müsst nicht euch verrenken,
sondern aus Liebe hier
folgen Mir!
ICH bin stets bei dir –
Vertraue Mir!
Alles wird gut!"

Erquickung

Jesus Christus verspricht: „Kommet her zu Mir alle, die ihr mühselig
und belastet seid! - Auch du, komm' zu Mir!

Wenn du voll Angst bist und Abgründe sich vor dir auftun,
- komme zu Mir!
Wenn Belastungen, Bedrängnisse dich zu Boden drücken,
- komme zu Mir!
Wenn Chaos dich aus der Bahn wirft,
- komme zu Mir!
Wenn Dunkelheit und Druck von allen Seiten auf dich einströmen,
- komme zu Mir!
Wenn Einsamkeit und Erschöpfung dich traurig machen,
- komme zu Mir!
Wenn Furcht und Fremdheit dich überfallen,
- komme zu Mir!
Wenn Gemeinheiten dir auf den Magen schlagen,
- komme zu Mir!

Wenn Hektik und Hast dir den Atem rauben wollen,
-     komme zu Mir!
Wenn Intrigen dir den Boden unter den Füssen wegziehen wollen,
-     komme zu Mir!
Wenn Jemand dich verletzt,
-     komme zu Mir!
Wenn Krankheiten oder Kälte deiner Mitmenschen dich zittern lassen,
-     komme zu Mir!
Wenn Lieblosigkeiten dir ins Herz stechen,
-     komme zu Mir!
Wenn Müdigkeit und Mangel dir die Gewissheit Meiner Fülle rauben wollen,
-     komme zu Mir!
Wenn Nacht deine Seele verdunkeln will,
-     komme zu Mir!
Wenn Ohnmachtsgefühle dich lähmen wollen,
-     komme zu Mir!
Wenn Panik dein Herz zum Rasen bringt,
-     komme zu Mir!
Wenn quälende Gedanken dich zermürben wollen,
-     komme zu Mir!
Wenn Reue über Vergangenes dich quält,
-     komme zu Mir!
Wenn Sorgen, Stress oder Schmerzen überhandnehmen wollen,
-     komme zu Mir!
Wenn Traurigkeit und Tränen dich überschwemmen wollen,
-     komme zu Mir!
Wenn Unverständnis dir den Verstand rauben will,
-     komme zu Mir!
Wenn Verzweiflung und Verzagtheit dir den Lebensmut nehmen
    wollen,
-     komme zu Mir!
Wenn der Wahnsinn dieser Welt dich erschüttert oder es
    wie Wüstensand in deinen Augen brennt,
-     komme zu Mir!
Wenn nix, mehr läuft, wie du es dir vorgestellt hast,
-     komme zu Mir!
Wenn Zweifel dich packen wollen,

-      komme zu Mir!

Nimm dir Zeit!
Komme zu Mir in die Stille deines Herzens, ICH, dein Heiland Jesus
Christus, werde dich erquicken!"

Er-Schöpfung

Sterbens-elend!
Altes muss sterben,
damit Neues hervorkommen kann.

Er-schöpft!
Meine menschliche Kraft ist zu Ende, –
nun bleibt nur noch die Hoffnung
auf die Kraft meines Schöpfers.

ER schöpfe in mir den neuen,
durch und durch lebendigen, liebenden,
wahrhaftigen Menschen,
nicht mehr ich, sondern Christus in mir!

Schmerzhafter Geburtsprozess, -
voller Verzagen, Zweifel.
Neugeboren werden, –
jeden Bereich meines Lebens
von Dir durchleuchten lassen.
Mich umwandeln lassen,….
welch anstrengende, er-schöpfende Operation.

Doch an Deine Verheißungen klammere ich mich fest:

Denen, die Dich lieben,
werden alle Dinge zum Besten dienen! und:
Deine Kraft wird in den Schwachen mächtig wirken!

Erwachen

Dumpfe Schwere,
innere Leere,
benebeltes Denken
will uns lenken:
Weltbetäubungsschlummer,
feststeckend im Kummer,
in dunklen Träumen,
in den engen Räumen
des Selbstmitleid'.

Wach auf, mach dich bereit,
es kommt `ne neue Zeit:

Lebendig sein, strahlen,
frei von allen Qualen
der Angst und der Not.
Find' wieder zu Gott:
Die Quelle des Lebens
fließt stets, niemals vergebens,
bringt Liebe und Licht!
Fürchte dich nicht!

Erwache und schaue,
freu' dich und baue
ganz auf Gott.

Er ist der Schöpfer,
Erfinder, der Töpfer,
der uns alle erschuf.
Folg' Seinem Ruf,
hör' Seine Stimm'
tief in dir drin vernimm,
was Er dir sagt:

„Sei unverzagt!

Es tagt
eine neue Zeit.
Werde bereit
und freue dich,
denn ICH
habe dich
bei deinem Namen gerufen.
Du bist Mein!"

Fels in der Brandung

Alltag - will mich verschlingen,
Alltag - will mich umbringen,
Alltag - tut mich umringen, -
von allen Seiten bedrücken,
von allen Seiten ver-rücken.

Doch ich will lernen zu stehen im Sturm,
auch wenn ich mich fühl' wie ein schwacher Wurm
auf dem Fels' in der Brandung, den Wogen so laut.
Du bist mein Fels, auf den ich gebaut.

Mein Fels – Jesus Christus:
Unverrückbar, unzerdrückbar,
felsenfest – fest, Du, mein Fels,
tröstest und hälst.

Alltag wollt' mich verschlingen,
Alltag wollt' mich umbringen,
Alltag wollt' mich umringen,
zerquetschen, bedrücken,
zermalmen, zerdrücken,
durch Zerbruch des Herzen'
Freude, Leben ausmerzen.

Doch: Nein! Die Kraft, die Macht und Jesu Liebe

ist stärker als alle dunklen Hiebe,
stärker als Sorge, Angst und Grausen,
denn Du allein sollst in mir hausen!

Nichts und Niemand,
weder Engel noch Bengel,
noch Tod noch Leben, nichts wird es je geben,
noch Mächte, Gewalten und dunkle Gestalten,
weder Krankheit, Unfall noch Schmerz,
kein zerbrochenes Herz,
nichts kann mich trennen auf Dauer von Dir: Jesus Christus!

Freiheit

Es gibt eine Macht – und die scheint stark,
die uns nicht in Freiheit sehen mag.
Diese Macht, diese Kraft manipuliert und verwirrt,
doch kaum einer merkt, wie wir verirrt.

Ängste, Sorgen, Habsucht und Zank
machen uns krank
und die Auswirkungen halten im Zwang.
Statt frohe, freie Menschen zu sein,
wickelt diese Macht uns in Netze ein.

Netze der Sorgen,
Netze der Angst,
Netze der Illusionen,
auch Netze der Religionen.

Weltweit sind wir nun alle vernetzt.
Körperlich wird da niemand verletzt.
Doch die Seele, sie wird wie eingesperrt.
Echtes Leben wird da verwehrt.

Die Natur, Wind und Regen,

Sonnenstrahlen und deren Segen,
Hüttenbauen, Singen, Handwerkeln und Musizieren,
all dieses Tun wird der verlieren,
der nur im Netze der Spinne WEB
drinbleibt und nun ganz verklebt
nicht mehr richtig auf der Erde lebt.

Der Tröster antwortet:
 „Kindlich Vertrauen,
ganz auf Mich schauen,
auf Felsen bauen –
und nicht auf Sand!
Weltlicher Tand,
weltliche Sorgen,
weltliche Moden
werden vermodern.

Weltliches Denken
tut euch verrenken,
weltliches Streben
beschränkt euer Leben.

Werde wach!

Sogar Umweltschützen
wird nicht nützen,
solange ihr eure Innenwelt
nicht der Liebe unterstellt.

Nicht das Äußere wird entscheiden
auf welcher Ebene ihr werdet bleiben,
wenn den Körper ihr abgelegt
und im Geistigen euch bewegt.

Reine Liebe,
erlöste Triebe,
lichtes Wesen,
an dem alle genesen,

Herrlichkeiten,
unendliche Weiten
voll Licht und Leben
möchte ICH euch geben. –

Doch ihr hängt im Dreck,
wendet euch weg
von der Wahrheit, dem Licht
und merkt nicht
wie gefangen ihr seid
zwischen Sorgen und Neid,
Tratschen und Streit,
oberflächlichem Zeitvertreib.

Werde wach!

Wende dich hin zum Licht!
Egal wie dicht
das Netz aus Lügen,
die dich betrügen,
umgarnen, umspinnen. –
Du kannst entrinnen,
wahre Freiheit gewinnen.

ICH helfe dir!

Werde frei zum Lieben,
zum Leben,
zum Vergeben,
zum Danken
ohne Schranken,
ohne Angst!

Werde frei!"

Freude

Freude soll dich ganz erfüllen.
Freude wird den Schmerz verhüllen.
Freude ist die größte Kraft.
Freud', die aus der Liebe schafft.

Freude hat dein Gott an dir,
wenn du offen bist dafür,
Seinen Willen raus zu finden
und in Liebe zu verkünden,

dass durch alle Not und Leid
strahlt ein Stückchen Herrlichkeit.
Hier in diesem Erdental
gibt's noch viele Sorg' und Qual.

Doch die Heimat ist ja droben,
wo mit Engeln wir einst loben
unsren Schöpfer, unsren Gott.
End' hat dann ja alle Not.

End' hat dann dein Hasten, Fragen
und du siehst, wie du getragen
wurd'st in schwerster Zeit.
Sieh, dein Ziel ist nicht mehr weit.

Nimm die Gnade, nimm den Frieden,
gib es weiter all' den Lieben,
all' den Feinden rund um dich
und: Vergiss die Freude nich'!

Freue dich

Trost in Klinik:
„Freue dich an Meiner Liebe,
freue dich an Meinem Licht.
Freue dich, dass ICH auch heute
führe dich, verlass' dich nicht.

Freude soll dein Herz erfüllen,
Freude soll dich ganz umhüllen.
Fröhlich soll dein Herze springen,
stets ein Loblied Mir ja singen.

Trost, den geb' ICH dir so gerne,
bin Dir nahe, niemals ferne.
Tröster, auch im tiefsten Leid
bring' ICH Lösung, bring' euch Freud'.

Freude, die euch niemand nimmt.
Freud', die niemals mehr verklingt.
Freude, die ermutigt jeden.
Diese Freud' kann ICH euch geben.

Freue dich!"

Freude und Fülle
nach Vortrag von Esther Weber - im Rollstuhl seit 16. Lebensjahr, dennoch mehrfache Fecht-Weltmeisterin…

Eine Fülle von Gedanken.
Eine Fülle ohne Schranken,
eine Fülle voller Kraft,
Fülle, die was Neues schafft!

Voller Freude sei dein Leben,
das Gott dir geschenkt gegeben!
Freude, weil dein Gott dich liebt,

Freude, weil im Kampf Er siegt!

Freude ist der Quell zur Kraft.
Freude, die was Neues schafft.
Freude siegt trotz aller Not;
Freud' ist stärker als der Tod.

Freude, dass dein Leben hier
einst zum Sieg gereichet dir;
stets zur Seite stand ja hier
Gott, der Herr und Schöpfer dir.

Freude, - aus der Tränen Meer
werden lauter Perlen hehr,
voller Glanz und voller Pracht; –
Jesus hat den Sieg vollbracht!

Voller Kraft und voller Freude
wirst du sehen, wie aus dem Leide
Gott was Wundervolles schafft,
voller Freude, voller Kraft!

Alle Not hat einst ein Ende
und dann kommt die große Wende:
Vieles was dir undenkbar,
wird auf einmal sonnenklar,

sichtbar hier für Jeden werden
und ein End find' all Beschwerden:
Vieles wird dann zeigen sich,
was noch heut' verhüllet ist.

Voller Freude, voller Dank
sei dein Leben, auch wenn krank
etwas in dem Körper ist, -
stärkste Kraft ist: Jesus Christ!

Frieden

In dieser Welt an vielen Grenzen,
zwischen und auch im Inneren der Menschen,
da tobt noch Streit.
Es scheint noch weit
zum echten Frieden,
der von Gott uns ist beschieden.

Von all den Gefühlen,
die in uns wühlen,
sind hin und her gerissen wir
und fühlen keinen Frieden hier.

Noch hat Angst, Hartherzigkeit, Dunkelheit hier die Macht.
Doch auf Golgatha wurd' einst der Sieg vollbracht,
die Brücke gebaut.
Und wer nun vertraut,
kann den Heimweg finden
und im Geist sich gründen.

Im Vertrauen auf Gott,
der tröstet in Not,
der Galaxien lenkt,
in Liebe an uns denkt, –
kannst du werden ganz stille,
fragen: Was ist Dein Wille
für mich hier und heute?

Schau nicht auf die Leute,
sondern frag' nach Gottes Plan:
Was ist heute für mich dran?
Und langsam findest du diesen Frieden,
der dich vertrauen lässt hienieden.

Er ist viel größer als unsre Vernunft.
Deshalb: schau vertrauend in die Zukunft.

Ja, halte dich fest an Gottes Versprechen,
dass Er Sein Wort niemals wird brechen:
Am Ende wird Alles so gut werden
wie im Himmel dann auch auf Erden.
Und weil es noch gar nicht gut hier ist,
drum heut' ja noch nicht das Ende ist.

Doch Gott bietet dir schon heute an:
„Öffne dich MIR, lass' den Ego-Wahn!
ICH hab' 'nen guten, vollkomm'nen Plan,
der kann nicht schief geh'n. Glaub' du daran!
Diese Welt kann dir nicht den Frieden geben,
doch bei Mir wirst du ewig in Frieden leben!
Vertraue ganz!"

Gebet mit Kindern

Hab' Dank, lieber Gott für diesen Tag
und segne, was da kommen mag.

Du liebst die Großen und die Klein'n
und führest Alle wieder heim.
Hab' Dank dafür!

Und segne Erde, Pflanz' und Tier'
und alle Menschen, die da leben
und nach Deinem Lichte streben.
Hab' Dank dafür!

Geborgenheit

Bei Dir bin ich geborgen,
lass` los all diese Sorgen.
Vertraue mich Dir an.

Du bist die Lebensquelle,
bei Not stets bist` zur Stelle,
auch wenn ich`s oft nicht spür.

Du bist mein' Hilf', mein Heiland,
führst treu mich ja an deiner Hand,
selbst wenn es gruselt mich.

Auf Dich kann ich vertrauen,
auch wenn die Nacht des Grauen
mich gern verschlingen möcht'.

Du hast den Tod bezwungen.
Du hast den Sieg errungen,
im Innern weiß ich dies.

All` dunklen, fiesen Mächte
sind nur noch kleine Knechte
und werden weichen Dir.

Du bist der Überwinder
und wir sind Deine Kinder. –
Du hilfst uns aus der Not.

Auf Dich lern` ich vertrauen,
will ganz auf Dich nur schauen
und kämpfen bis zum Sieg.

Noch toben dunkle Wesen,
doch ich werd' ganz genesen
durch Deine große Kraft.

Die Schatten bleiben hinter mir.
Ich öffne mich, geh` hin zu Dir.
Du schenkst mir helles Licht.

Du, Quelle meines Lebens,
zu Dir kommt nie vergebens,

wer wirklich nach Dir sucht.

Gar vielen noch verborgen,
bist Du der Held von morgen,
der Alles heilen wird.

Dank Dir, Du Heiland Jesus Christ,
dass Du hierhergekommen bist,
besiegtest alle Angst und Tod
und führst heraus aus aller Not
zurück uns alle hin zum Licht,
zum Licht der Liebe, das verlöschet nicht!
Niemals!
Dies schenkt mir Sicherheit, Geborgenheit!

Geduld

Geduld, Geduld, Geduld!
Auf Erden wirkt noch Schuld,
viel Last und dunkles Sein.

Doch alle lädt Gott ein
zum wahren, echten Sein,
zum Leben, zum Geben,
zum Lachen, zum Wachen,
damit nicht die Drachen
der Angst verschlingen uns:

Bequemlichkeit und lähmende Schwere,
Sorgen, Selbstmitleid, innere Leere.
Gift für die Seele,
die durch Sumpf sich quäle,
zäher Schleim der Klagen. -
Doch wir sollen es wagen
mit Deiner Hilfe tragen
alles im Gebet hin zu Dir.

Schenk Du Befreiung mir!

Alltag auf dieser Erde,
oft mit manch' Beschwerde,
öfters auch mit Schmerzen.
Doch Gott ruft zu jedem Herzen:

„Werde wach: Gib nicht nach
dem Sog der Sorgen über das Morgen!

ICH, der Galaxien lenkt,
der in Liebe an dich denkt,
ICH weiß die Lösung, weiß den Weg,
führe dich den Himmelssteg, –
oft durchs dunkle Tal des Leids,
doch das Ziel ist: Himmelsfreud'.

Freude, die euch niemand nimmt,
Freud', dazu seid ihr bestimmt:
Voller Dank und voller Freude
lebt doch euer Leben heute!

Täglich neu schenk` ICH euch Kraft, täglich neu.
Habe Geduld und erfreu`
dich jeden Tag neu
an Meiner Liebe.
Einst wirst du erkennen,
dass alles zum Guten dient. Habe Geduld!"

Gefäß werden

Aufforderung Jesu an alleinerziehende Mutter, die sich durch Androhung der
Zwangsversteigerung ihres Hauses und andere Nöte völlig verzagt fühlte:

„Nimm Mich auf in dein Leben mehr und mehr,
dann fällt der Alltag dir nicht mehr so schwer,
dann kommt Klarheit und Ordnung dort hinein
und du wirst spüren die Liebe Mein.

Nimm Mich auf in dein Haus,
dann geht die Schwere hinaus,
dann wird lichter es werden
in all' deinen Beschwerden.

Nimm Mich auf in dein Herz
und all' Mühsal und Schmerz
sind nur noch Durchgangsstationen
hin zu dem Ort, wo die Himmlischen wohnen.

Nimm Mich auf in dein Sein
und aller äußerer Schein
wird dann durchdrungen werden
von Meinem Licht hier auf Erden.

Nimm Mich auf in dein Leben
und all dein irdisches Streben
wird dich hinführen zu Mir,
denn ICH wirke in dir.

Nimm Mich auf in dein Denken
und du wirst anderen schenken
können von Meiner Liebe und Meinem Licht,
die dich niemals verlassen, nicht.

Nimm Mich auf in dein Fühlen
und gar Manches wird sich kühlen
und beruhigen dann,
weil man's Mir hinlegen kann.

Nimm Mich auf in dein Tun,
dann kannst sicher du ruh'n,
nach getaner Tat,
denn ICH war dein Rat.

Nimm Mich auf in dein Leben,
dann kann ICH draus weben
einen Teppich voll Schönheit, Wahrheit und Güte,

der anderen hilft und sie behüte.

Nimm Mich auf in jede Zelle,
denn ICH bin die Quelle all der Kraft, die stets Gutes schafft.

Nimm Mich auf in dein ohnmächtiges Leben,
draus einst wird's ein „Vollbracht" auch für dich dann geben,
denn Meine göttliche Macht
verwandelt menschliche Ohnmacht in himmlische Kraft.
Vertraue ganz!"

Gefangenenbefreiung

Jesus Christus erklärt:
„ICH bringe nicht faulen Frieden,
sondern das Schwert,- dies seid ihr Mir wert!

ICH befreie euch von Chaos, Angst, Not und Pein,
doch dazu: erst Kampf, ja, es muss sein!
Es wogt auf Erden noch so viel Leid,
doch Ein'ge erkennen schon Den, der befreit.

Lasst los die Habsucht, Hochmut, Lüge und andere Bande,
werdet einfach, kindlich, dies ist keine Schande.
Erkennt eure Fehler, eure Schuld, euer Versagen,
alles Alte lasst los, tut's ans Kreuz hintragen!
ICH bin euer Heiland, Erretter, erlöse,
befrei' euch von all dem, was dunkel, was böse.
ICH bin das Licht, die Wahrheit, der Weg!

ICH, Jesus Christus, baute den Steg,
die Brücke zurück zur Heimat, zum Licht!
Wer Mir vertraut, der scheitert nicht.

Nimm an Meine Liebe, nimm an, Mein Kind,
komm und sei fröhlich, wie schon Manche es sind,
die alle Lasten, alles Dunkle hinlegten Mir.

ICH, dein Befreier, rate auch dir: Komm!
Auf Golgatha hab' ICH den Sieg errungen
auch für dich. Nimm es an!"

Gelassenheit

Als Kind und in der Jugend kaum vorstellbar,
doch mehr und mehr wird sonnenklar:

Die Körperkräfte schwinden, -
doch durchs Überwinden,
durchs Erkennen,
wie verrückt wir rennen
im Hamsterrad dieser Welt
hat sich mehr und mehr eingestellt:

Gelassenheit,
die befreit,
macht bereit,
anzunehmen, was ist
in dieses Lebens Frist,
was ich nicht ändern kann,
durch Hektik und durch Wahn.

Vertrauen,
ganz darauf bauen:
Die höchste Macht
sagt: „Es ist vollbracht!"

Mein Anteil bleibt:
Zu lieben,
zu vergeben,
zum Lichte zu streben.
Altes loslassen,
niemanden hassen!
Zulassen, dass Dein Heiliger Geist wirkt
und ALLES zum Guten lenkt,
jeden beschenkt,
Hilfe und Antwort gibt
Jedem, der Dich echt liebt.
Danke!

Glück

Um das Leben zu retten,
um zu sprengen die Ketten
von Schwermut und Verdrießlichkeit,
wird es Zeit zu zeigen:

Es gibt einen Reigen
von Launen und Gedanken,
die halten uns in Schranken,
ziehen uns runter,
statt zu machen uns munter
und froh.

Nicht Angst, sondern Frohsinn,
Dankbarkeit, nicht Wahnsinn
sollten prägen Kindheit und Jugend.

Glück entsteht durch Tugend,
durch die Kraft des heiligen, heilenden Geist',
der uns den rechten Weg hier weist,
um den Weg zu finden in die Herrlichkeit:
Da ist Sanftmut, Treue und Freundlichkeit,
Friede, Mäßigung, Freud' und Geduld,
Güte, Liebe und Befreiung von Schuld.

Doch der weltliche Druck wird immer mehr.
Durch Sorg' um Karriere wird's heute schwer,
unbeschwert in der Kindheit zu leben.
Statt Kindern Ruhe und Muße zu geben,
werden sie sehr auf Leistung getrimmt,
was ihnen oft alle Freude nimmt.

Doch die Freude und das Lachen,
Spielen, Tanzen, Neues-Machen,
Singen, Bauen und Entdecken,
Suchen, Staunen, Sich verstecken,

munter Forschen und viel Fragen,
im Jetzt sein, nicht in künft'gen Tagen.

Dies macht uns reich!
Jesus sagt: Das Himmelreich,
könnt ihr nur dann erreichen,
wenn ihr werdet wie Kinder!"
Und dadurch Verkünder
der frohen Botschaft.

Gott hat uns im Ursprung vollkommen geschaffen,
doch hier in Materie sind wir oft wie Affen.
Gott schuf uns vollkommen und liebevoll.
Der Egoismus jedoch, oft wie ein Troll,
lenkt uns aufs Haben-Wollen,
Reichsein-Sollen.

Doch Jesu Rat ist:
Im Hier und Jetzt,
ganz unverletzt,
glücklich und vertrauend sein,
wie die Kinder klein
und das Glück, die Liebe,
aus der wir leben,
liebend an andere weitergeben!

Gnade

„Gnade vor Recht!" so fleht ertappter Knecht.

Doch Gnade aus Lieb' und Barmherzigkeit
ebnet allen den Rückweg zur Herrlichkeit.

Gnade, nicht durch Leistung, eig'ne Verdienste,
sondern weil Jesus liebte und diente,
sich opferte, unschuldig litt,

die Finsternis durchschritt,
für uns sich hingab:

Am Kreuz starb,
nur kurz im Grab lag,
die Unterwelt durchquerte,
durchliebte,
den Tod besiegte,
am dritten Tage auferstand,
dadurch das Dunkle überwand.

Er ist wahrhaftig auferstanden
aus allen Todesbanden
mit unvergänglichem, himmlischem Leib.

Allen zur Freud'!
Allen zum Trost!
Allen zum Zeichen:
Es kommen neue Zeiten!

Der Tod, die Materie ist besiegt!
Wer nun in Lieb' in Jesu Arme fliegt,
der erlebt die Gnade,
dass nichts mehr ihm schade.

Nichts kann uns trennen,
wenn wir erkennen,
anerkennen:
Jesus Christus ist Herr, Hirte und Heiland!

Nimm an diese unverdiente Gnade!

Gott begegnen

Der glimmende Docht verlöschte nicht. -
Er überstand Prüfung und Gericht.

Und neu entfacht wurd' die letzte Glut:

Aus dem schwachen Glimmen wurd' Fackel voll Mut,
die andren den Weg nach Haus' leuchten tut.

Die Fackel,

das Feuer,

es wächst und es scheint,

es kommen zusammen gar viele vereint

zum Dornbusch, der nicht verbrennt,

wo uns Gott Seinen heiligen Namen nennt:

„ICH bin der ICH BIN,

 Der da war

    und

Der ewig sein wird!"

Gottes Liebe

1976, nach 3 Unfällen, Entscheidung Jesus nachzufolgen und Prozesstermin wegen angeblicher „Gefangenenbefreiung." mit Niederlegung des Verfahrensweil „genügend von Polizisten verprügelt und nicht mehr in linksradikaler Szene"

Die Liebe des Vaters ist unendlich groß,
darum zweifle nicht, vertraue bloß.
Vertraue und baue ganz feste auf Ihn,
dann führt Er gewisslich dich dorten hin,
wo du am besten kannst lernen, wie
du dienen und leben kannst für Ihn hie'.

Vertraue ganz und zage nicht,
lasse leuchten dein trauriges Angesicht,
lasse leuchten dein Herz auch in bangen Stunden,
denn du hast ja deinen Heiland gefunden.

Der Heiland, der Hirte, behütet dich wohl.
Er erfüllet dich innig und macht dich froh.

Nimm an die Freude und verschließe dich nicht.
Der Heiland will segnen, nicht verdammen dich!

Öffne dich weit Seiner großen Liebe
und folge ganz deines Herzens Triebe,
der dich treibt, ganz in Ihm zu ruh'n
und nur noch Seinen Willen zu tun.

Sein Wille steht tief im Herzen dir drin,
drum suche, - und zögere nicht weiterhin.
Lass alles Zagen, wird' wie ein Kind so klein
und laufe vertrauend an den Händen Sein.
Vertraue ganz innig und zögere nicht,
wisse; und fürchte nicht Sein Gericht.

Vertrauend dürft ihr zu Ihm eure Hände erheben
und kindlich nehmend aus Ihm nur leben.
„Oh, fürchte dich nicht!" so spricht der Herr,

denn jetzt zählt allein die Liebe nur mehr.
Die Liebe ist das Band, das auch euch verbindet,
darum scheuet euch nicht, denn wer die Liebe verkündet,
der lebt aus IHM, dem Gott der Liebe
und trägt bei zu des herrlichen Lichtes Siege.

Gratwanderung

Links und rechts, da geht's bergab,-
doch ich sehne mich nach oben!
Möcht' nicht bleiben in dem Sumpf,
möchte jubeln, singen, loben.

Weiß: es gibt dort eine Freude,
die nicht flüchtig wie ein Rausch;
weiß: Gott ruft uns ja auch heute, -
alle Leut' zu sich nach Haus'.

Links und rechts, – da zieht's hinab:
faszinierend, glitzernd, prächtig:
Welt und Wissen, Macht und Rausch. –
Doch wo ist die Liebe mächtig?

Nur zu Dir zieht es mich hin, –
nur Du, Gott, bist Ziel, Gewinn.
Drum will ich bei jedem Schritt
auf Dich schauen, Du gehst mit
auf der Klipp',
durchs Tal des Grauen.
Einst werd' ich den Himmel schauen.
Jetzt noch zwischen Angst und Pein,
doch Du lässt mich nie allein.

Du bist Hoffnung, Licht und Wahrheit,
zeigst trotz Nebeln mir in Klarheit,

was der wahre Sinn nun sei:
meine Seele werde frei!

Güte

Gott allein ist gut.
Seine Güte
behüte
uns!
Durch Seine Obhut,
Seine Güte
können wir vertrauen:
Alles wird gut!

Alles ist gut
und auf dem Heimweg
seit Golgatha.
Ja, dies ist wahr!
Wir sind durch Jesus erlöst und frei
von aller Schuld.

Drum in Geduld
wachsen auch wir
hier
auf dieser Erde
in Seiner Güte,
kommen zur Blüte
und bringen Segen
auf unseren Wegen.

Ströme des lebendigen Wasser'
fließen durch uns hin auch auf Hasser,
auf dürres Land,
auf fremd und bekannt.

Gott ist gut!
Diese Gewissheit schenkt Mut,

schenkt Kraft und Freude,
um zu leben heute
im Hier und Jetzt.
Dein Allerinnerstes ist nicht verletzt,
es ist vollkommen und heil,
denn dieser Teil
in dir,
ja, glaub' es mir:
ist Gottes Licht,
das verlöscht nicht.

Auch wenn dein Denken
sich tut verrenken,
dein Fühlen voll Irren
und voller Verwirren
dein ganzes Sein.
Lade du Ihn ein,
deine Orientierung/dein Navi zu sein.

Er zwingt dich nicht,
doch Sein Licht
kann dann leuchten in dir
und der glimmende Docht
verlöscht nicht,
sondern ermutigt auch andere Erdentalwanderer
und lässt wachsen die unumstößliche Gewissheit:

Gott ist gut!

Heiliger Geist

Licht und lind
weht Geistes Wind,
erfrischt und erneuert:

Heiliger Geist

ernährt und speist
suchende Seele, -
dass sie sich nicht quäle,
sondern lernt Vertrauen,
auf Christus hinschauen
und erkennt:

Das Licht,
das niemals erlischt,
das alles erquickt,
das alles durchdringt,
dich zur Wahrheit hinbringt,
dich tröstet und lehrt,
Sorgen abwehrt,
befreit!

Doch auch Feuer, –
verbrennt was einst teuer,
erstrebenswert dir schien.
Schau auf IHN hin.

Dies Feuer befreit,
läutert und reinigt
von Altem, was peinigt.

Doch hab` keine Angst!

Sei im Hier und Jetzt.
Du bist unverletzt.

Dein Innerstes ist unantastbar,
-        fürs Ego nicht fassbar, –
doch der Heilige Geist
dich einweist
in höchste Lehre.

Was dein Innerstes begehre,
das findest bei Ihm,

schau, horch' zu Ihm hin,
dem Heiligen Geist.

Deine Bitte ums Wasser des Lebens
ist niemals vergebens.
Dein Durst wird gelöscht,
deine Rätsel gelöst.
Erquickung und Ruh'
findest du
beim Tröster und Lehrer,
dem Heiligen Geist,
der dir den echten Frieden verheißt.

Heilung

Frage: Was ist Heilung?

Innere Antwort:
„Bei Schnittwunde, Knochenbruch und Operation,
ja, du weißt es schon:
da wächst Neues,
Verbindendes, Gewebt'
und strebt
wieder, -
dies betrifft alle Glieder-
in den Originalzustand.

Du hast wenig in der Hand
etwas dazu zu tun:
Hauptsache ruh'n!
Diese Wunden
beginnen schon nach Stunden,
wenn kein Dreck drin ist,
in kurzer Frist,
die Trennung zu überwinden.

Doch Krankheit in deinem Denken,
das sich so oft tut verrenken,

das sich sorgt und anklagt,
das dich ängstigt und nicht wagt,
mutig und froh,
dankbar und so,
die Tatsache anzunehmen,
dass wie Kinder
auch in diesem Erdenwinter,
in dieser Erdenwelt,
in die ihr hineingestellt,
ihr versorget, geliebet seid.

Die Trennung, die Angst,
die Wunde im Denken
tut euch reinlenken
ins Ge-sondert-Sein,
in Sünde hinein; –
doch lass' du Mein Licht herein!

In größter Macht
habe ICH es vollbracht:
Den Tod überwunden,
das Ego gebunden,
geheilt alle Kranken,
überwunden die Schranken,
die vom Himmel euch trennen.

Hör' auf zu flennen!

Hör' auf zu klagen
in diesen Tagen
und beginne zu danken,
nimm an, dass alle Schranken,
alles Gesondert-Sein,
alles Getrennt-Sein,
alle Sünde,
alle Schuld
durch Meine Liebe,
Meine Geduld

geheilt wurde.

Danke in Liebe,
deinem Heiland!"

Heimat

Jesus fragt:
„Wo bist du zu Haus?
im Erdengebraus,
im Rennen nach Geld,
im Strom dieser Welt?
In Nöten und Ängsten
und fühlst dich am bängsten,
weil du Mich noch nicht kennst?

Rufe Mich an,
komme zu Mir!
ICH helfe dir!
ICH stärke dich
und begleite dich,
verzage nicht.
ICH tröste dich!
Und zeig dir den Weg,
ebne den Steg
hin zum wahren Zuhaus`.

Dort droben im Licht,
-      fürchte dich nicht,
dort ist die wahre,
die klare
Heimat für dich!"

Herrlichkeit

„Schreibe und bleibe
in der Verbindung zum Licht.
Es verlässt dich nicht. –

Doch im Alltag wendest du dich ab
und lebst oft wie im Grab,
im Dunkel,
glaubst dem Gemunkel
der dunklen Welt,
machst dir Sorgen um das Geld.

Doch was wirklich gilt,
ist nicht das Geld,
nicht diese Welt.

Weitaus höher, weitaus lichter,
weitaus schöner und nicht schlichter,
sondern voller Herrlichkeit
wurde euch zubereit't,
die wahre Welt,
die wahre Schöpfung, – dort ist alles gut!

Drum hab` stets frohen Mut,
auch wenn hier manche Beschwerde
der bedrückten, ver-rückten Erde
dich noch belastet und bedrückt.
Du bist nicht verrückt,
sondern manchmal entrückt,
darfst Himmelslicht schauen,
weil du tust bauen und vertrauen
auf den wahren Gott,
der liebt und hilft aus aller Not.

Mammon und die gefallenen Engel
sind nicht Licht, sondern Bengel,

die dich ablenken
und sich verrenken,
um dich zu erschrecken
und Sorgen zu erwecken
und dich anklagen.

Doch du darfst dich wagen,
ganz zu vertrauen,
ganz auf die Liebe bauen,
auf die Wahrheit schauen,
auf das wahre Leben,
das Gott hat gegeben
jedem, der liebt,
der sich hingibt,
der erkennt,
wie verrennt,
wie verrückt
und bedrückt
alles hier ist - und umkehrt:
Trennung erkennt
und bekennt
und zurückrennt
zum liebenden Gott.

Dann endet die Not,
denn die Erlösung wurde vollbracht,
auch wenn auf Erden noch Nacht
herrscht.

Bei Gott herrscht Herrlichkeit.
Mach dich bereit!"

Hingabe

All' mein Reden, Handeln, Denken
mög' Dein Heil'ger Geist nur lenken,
dass zum Segen mein Leben ich lebe
und liebend ich Liebe nur weitergebe.

Hingabe an Dich, damit ich die Gaben, die Talente,
die Du mir gegeben zum Segen
für andre Leut' ausleben
lerne
und nicht mehr auf ferne
Zeiten verschiebe.

Hingeben mein Leben an Dich, dass bedeute,
dass das Reden der Leute
mich nicht mehr verscheute,
mich nicht mehr verschreckt,
dass ich nicht mehr versteckt
lebe die Liebesbeziehung zu Dir,
sondern heute und hier
Dich bekenne
und Dich meinen Liebsten nenne.

Vertrauen ist für Erdenaugen unsichtbar,
doch mehr und mehr wird mir offenbar,
dass Du die Quelle bist des Lebens
und dass niemand vergebens
aus der Menschen Mitte
um Hilfe Dich bitte.

Doch noch haben wir Vertrauen zu lernen,
dass Dein Wille es stets gut mit uns meint
und wir vereint,
es wirklich durch und durch ehrlich meinen,
wenn wir beten:
„Dein Wille geschehe!"

Hoffnung

Lang war der Weg durch den dunklen Wald,
Schwere wollt drücken, so einsam und kalt.-

Doch die Hoffnung, sie tröstet: „Verzage nicht.
Geh' weiter, bald, bald kommt das Ende, bald wird es Licht!

Wärme und Leben, Freude und Licht
Kommt dir entgegen, verzweifle nicht!"

Horchen nach innen

Höre auf deines Hirten Stimm`,
dann hat dein Leben echten Gewinn.

Dann wirst du lernen, auf welchen Wegen
dein Leben bringt überfließenden Segen.

Werde ganz stille,
erforsch` Seinen Wille`,
werde ganz ruhig.
Er ist dir nah,
immer für dich da!

Er ist der Hirte, der Seine Schafe
schützt und bewahrt bei Tag und im Schlafe:

„Komm näher zu Mir, immer näher, Mein Kind!
Im Innehalten ist solche Kraft,
die in der Not Überwindung schafft.

Kraft der Liebe, Kraft zum Schenken,
Kraft, schweres Schicksal zum Guten zu lenken.

Meine Kraft will wirken gar mächtig
in Meinen Kindern, auch wenn diese schmächtig.

Meine Kraft, sie versetzt Berge,
auch wenn ihr euch fühlt wie kleine Zwerge.

Meine Verheißung, sie wird wahr werden:
ICH wirke machtvoll in den Schwachen auf Erden!"

Innehalten

Jesus nachts leise zu verzagter alleinerziehender Mutter:
„Halte inne,
Meine Stimme
ruft dich!
Halte inne
und vernimm: Meine Stimme!

Nicht im Getöse der Welt,
nicht im lauten Geld,
nicht in der größten sinnlichen Freud',
begegnest du Mir, -
sondern ganz stille und leise
auf heimliche Weise
komm` ICH zu dir.

Mein Joch ist sanft,
vertraue du ganz
und folge Mir!

Die völlige Freiheit
lässt dir der Freier, der vom Himmel dich ruft.
Ständiger Begleiter
auf dieser Leiter
hin zum Licht, –

doch niemals, nicht zwinge ICH dich.

Doch groß ist die Bitte
aus dieser Mitte der himmlischen Welt:

Werd' endlich wach!
Werde zum Bach,
werde zum Strom,
der rinnt davon:
spült alles Alte, alles Morsche, Marode,
dem Tode
Geweihte – davon!

Höre doch, höre den lieblichen Ton
göttlicher Liebe:

Sie erlöst zwingende Triebe,
läutert durch Liebe
all' deine Triebe,
schmilzt Blei zu Gold, –
ist dennoch stets hold,
auch wenn du meinst
und weinst,
dass du zu schwach:
„Ach!" – Werd' endlich wach!
Erblicke das Licht!

ICH liebe dich!
Trag' dich schon ewig; –
werd' endlich selig!
Werd' endlich frei vom Alltagsbrei,
der sonst dich erstickt!
Doch erblickst du Mich, -
dann wird Alles Licht!

Alle Tat wird in der Tat:
Gottes Tat, Gottesdienst, –
wo du auch dienst, – wem du auch dienst,

folg' Meinem Rat:

Schreite zur Tat,
schreite zum Dienst aus Wissen und Liebe.

Vergiss alte Triebe,
werde ganz Liebe:
göttliche Liebe,
die nichts begehrt,
sich ganz verzehrt
aus der Liebesglut,
kennt keine Wut, –
nur reinigendes Wort
an diesem Ort der Stille in dir.

- Vertraue doch Mir,
zögere nicht!
ICH bin das Licht, das zu dir spricht!
ICH bin die Liebe, die erlöst alle Triebe!
ICH bin die Wahrheit, die führt hin zur Freiheit.
ICH bin der: ICH bin!

Fürchte dich nicht,
es gibt kein Gericht,
das Untergang will.
Nein: pur aus Liebe
läutre ICH Triebe,
schmelze ICH um, – drum:
scher' dich nicht drum,
was andre meinen,
ob sie lachen oder greinen.

Sei dir gewiss:
ICH liebe dich!

ICH liebe dich, wie kein Mensch kann lieben.
In dieser Liebe lernst du wirklich fliegen, -
fliegen zum Licht, zur Wahrheit –

und Erde, damit es dort wirklich auch lichter werde!

Bring' du Mein Licht!
Verzage nicht!

Lichtbringer sein! –
Du bist Mein, –
drum fürchte dich nicht,
ICH verlasse dich nicht,
ICH führe dich:
Fürchte dich nicht!"

Innerer Kampf

Die Sonne scheint. Danke!
Doch ich schwanke
und Tonnenschwere, –
innere Leere.
Warum diese Gottferne?
Ich möchte so gerne
ganz nahe Dir sein!

Gottverlassenheit?! - Weil Du überall wirkst und bist, –
 kann dies eigentlich gar nicht sein, kann dies keine Realität sein?!
Nur ein Gefühl, ein Abgeschnitten- (geht nicht – ich atme),
also Abgewendet-Sein von Dir, von Deinem Licht. -
Warum kann ich mich nicht
bewusst zu Dir wenden?
Dann wirst Du alles wenden
zu guten Enden.

Nimm Du meine Hände,
 zieh mich raus aus diesem Elende!
Ich will nicht verenden!
Es soll sich, - ich will - mich wenden
zum Guten, zum Wahren,

zum Echten, zum Klaren,
zum lebendigen Sein!
Bitte, komm, ich lade Dich ein!
Erlöse, mache mich rein,
errett' mich aus dieser Pein,
aus dunklen Gedanken,
die machen mich wanken und zweifeln an mir.
Nicht an Dir!

Du bist stark und lebendig, –
erfüll mich inwendig
mit Deiner Kraft!

Diese Kraft täglich Neues schafft,
holt mich raus aus der Gefangenschaft
des Selberstark-Sein-Müssens,
des Etwas-Beweisen-Müssens,
des Selbermachen-Müssens.
Ich kapituliere
und registriere:

Ich gehöre zu den Menschen,
die in diesen Grenzen
der Erde hier,
öffnen sich Dir,
vertrauen Dir,
meistern mit Dir das Leben hier.

Ich gebe bewusst Dir meine Freiheit hier,
damit Du wirkst in mir.
Dann löst sich das Rätsel hier:
Gott in mir und ich in Gott, –
dann werd` ich ein Ort,
in dem Du fort und fort,
immer mehr sichtbar wirst, fühlbar, erlebbar…

Mein Ego stirbt – und es wird offenbar,
immer deutlicher klar:

Meine Innenwelt –
sei ganz Dir unterstellt.
Du regierst diese Welt,
nicht mehr Sorgen ums Geld,
ums Ansehen bei den Menschen
hält mich in Grenzen,–
sondern in Freiheit hier,
folge ich Dir, gehöre ich Dir,
gehorche ich Dir!
Du in mir.
Ich danke Dir!

Intimität
(Ehemann ging zu anderer Frau und ließ mich mit 4 minderjährigen Kindern allein)

Im tiefsten Schmerz, –
zerbrochenes Herz! –

In dunkelster Nacht
bin ich erwacht:

ER stand bei mir:
„ICH bin bei Dir!
Fürchte dich nicht.
ICH verlasse dich nicht!"

Die Liebe selbst zog bei mir ein:
Immer zu sein
die Fackel mein,
die Richtschnur mir
auf dem Weg zu Dir!

Diese Liebe: treu!
Täglich neu
schenkt Zeichen um Zeichen

zum Steine erweichen.

Auch Zeichen ganz klein,
ohne lautes Schrein.

Du bist nicht allein!

Trost,
Balsam der Kraft,
die stets alles rein
aus Liebe schafft.

Jesus Christus

Jesus Christus, Du bist der Anfang und das Ende, das Alpha und das
  Omega, der Auferstandene, die Allmacht, das Auffangnetz für
  Abgestürzte!
Jesus Christus, Du bist Barmherzigkeit, der Bräutigam meiner Seele,
  die Brücke nach Hause!
Jesus, Du bist der Christus (=der Gesalbte), der Chefmanager und
  Chauffeur meines Lebens!
Jesus Christus, Du bist Dienemut und Demut, der Diamant!
Jesus Christus, Du bist der Erste, der Erstling, der Eckstein, Errettung,
  Ermutigung, Erleichterung und Erneuerung, Erquickung meiner
  Seele, Erzieher zu Ehrlichkeit und Ernsthaftigkeit, mein
  Entwicklungs-helfer!
Jesus Christus, Du bist die Fülle, der Friede und die Freude, der
  Freund, der mich nie verlässt, die Festung im Sturm, Friedefürst,
  Fleisch gewordener Gott, der Fels, auf dem ich baue!
Jesus Christus, Du bist Gott, voller Geduld, Gnade und Güte,
  Gerechtigkeit und das Glück meiner Seele, der Gesalbte!
Jesus Christus, Du bist Herr und Heiland, Helfer und Hirte, Hüter,
  höchste Heiligkeit, Halteseil am Abgrund!
Jesus Christus, Du bist die Inkarnation Gottes, Immer für uns da, In
  uns und um uns und über uns!
Jesus Christus, Du bist der Juwel meiner Seele, ewige Jugend und

Jubel!

Jesus Christus, Du bist das kostbarste Kleinod, König der Könige, Klarheit, Kraft, Krone der Schöpfung, Kreuzüberwinder!

Jesus Christus, Du bist die Liebe und das Licht dieser Welt, leuchtendes Leben, Langmut und Lauterkeit, Lehrer, Licht in der Finsternis!

Jesus Christus, Du bist der Meister aller Meister, Mensch gewordener Gott, der Messias!

Jesus Christus, Du bist der Nothelfer, der Not-Wender, in Deinem Namen ist das Heil!

Jesus Christus, Du bist die Ordnung und die Offenbarung, das Opferlamm, meine Orientierung, der Organisator meines Lebens!

Jesus Christus, Du bist die Pforte zum Leben, Priester, Pastor und Pfleger, Person gewordener Gott!

Jesus Christus, Du bist die Quelle des Lebens!

Jesus Christus, Du bist der Retter, Rüstung und Ruhe, Reinheit, Regisseur meines Lebens, Reichtum meiner Seele!

Jesus Christus, Du bist die Stärke und Seligkeit, Sicherheit, Schirm und Schild, der Sieger, die Stille im Sturm, der Sohn des lebendigen Gottes, die Sonne meines Lebens, der Schraubenanzieher aller meiner lockeren Schrauben, der Schutzmantel meiner Seele!

Jesus Christus, Du bist die Treue, der Todesüberwinder, der Tröster!

Jesus Christus, Du bist die Unendlichkeit und der Überwinder!

Jesus Christus, Du bist der Vertrauteste meiner Seele, die Vollkommenheit, Vater, Vorbild, Vergebung, Vollender der Schöpfung!

Jesus Christus, Du bist die Wahrheit, der Weg und der Wille, Wundervollbringer und Wolkendurchbrecher, das Wesentlichste und das Wichtigste meines Lebens, Wohlgeruch, der Weinstock und die Wonne meiner Seele!

Jesus Christus, Du hast X-mal in ausweglos erscheinenden Situationen mir geholfen!

Jesus Christus, Dein Yoga (=Joch) ist sanft!

Jesus Christus, Du bist das Ziel aller Sehnsucht, meine Zuflucht und Zuversicht, das Zentrum meines Lebens!

Wie ist Jesus Christus?

Jesus Christus, Du bist allgegenwärtig, allmächtig,
   allerbarmend, allesdurchdringend, allwissend, allumfassend,
   aufbauend, anregend, aufdeckend, anbetungswürdig!
Jesus Christus, Du bist barmherzig, beschenkend, beseligend,
   beglückend, behütend, behilflich und immer bereit!
Jesus Christus, Du bist christlicher als wir alle zusammen!
Jesus Christus, Du bist durchpulsend, direkt, dienend, demutsvoll,
   dankend dem Vater!
Jesus Christus, Du bist einfühlsam, erfrischend, erweckend,
   erquickend, erneuernd, echt, ehrlich, ernsthaft, erziehend, exzellent,
   errettend! Deine Botschaft ist erleichternd, einfach und eindeutig!
Jesus Christus, Du bist freundlich, friedenbringend, friedvoll, fürstlich,
   fürsorglich führend!
Jesus Christus, Du bist göttlich, gut, geduldig, gerecht, gnädig!
Jesus Christus, Du bist herrlich, helfend, hütend, hilfreich, heilig,
   heilend, humorvoll!
Jesus Christus, Du bist immer anwesend, immer für mich da!
Jesus Christus, Du bist jubelnd, jauchzend, ewig jung!
Jesus Christus, Du bist klar, königlich, kerzengerade, kraftvoll,
   kostbar, köstlich!
Jesus Christus, Du bist liebevoll, liebend, leuchtend, lebendig,
   langmütig, lauter!
Jesus Christus, Du bist machtvoll und mutig, mitfühlend und
   menschlich!
Jesus Christus, Du bist nahe, Not-aufhebend!
Jesus Christus, Du bist opfernd, ordnend, offenlegend, offenbarend!
Jesus Christus, Du bist persönlich, prachtvoll und problemlösend!
Jesus Christus, Du bist quicklebendig!
Jesus Christus, Du bist rettend, rein, (richtig aus-)richtend!
Jesus Christus, Du bist stark, stützend, stärkend, sättigend!
Jesus Christus, Du bist treu und tröstend!
Jesus Christus, Du bist unendlich, umwerfend, umarmend,
   umwandelnd und überkonfessionell!
Jesus Christus, Du bist vollkommen, väterlich, vertrauenswürdig,
   versorgend und vorsorgend!
Jesus Christus, Du bist wundervoll, wahrhaftig, wegweisend, weise,

wesentlich, wirklich und wirkend! Dein Name ist wirksam!
Jesus Christus, Du bist zuverlässig, zuhörend, zu Recht richtend,
   Zuversicht schenkend!

Kinder

Kleine Kinder brauchen kein Erwecken.
Sie sind wach.
Sie entdecken
an den kleinsten Schnecken
die Wunder der Schöpfung.

Die Freude an einer Pfütze,
Wasser spritzend bis zur Mütze,
kleine Steine,
rote Rosen,
olle Dosen,
Matschehosen. –

Hier und jetzt, jetzt und hier
nimm ein Vorbild dir:
Sei jetzt und hier,
ganz bei dir.

Kinder, jahrelange Verantwortung, Verpflichtung,
zu zeigen die Richtung
zur Wahrheit,
hin zu Dir.
Kinder, die ideale Möglichkeit,
um zu reifen,
um zu begreifen,
was wirklich zählt:

Liebe, Vertrauen,
aufeinander schauen,
miteinander wachsen, reifen,

begreifen,
dass wir einander gegeben,
um zu lernen: Vergeben
und wahres Leben.

Leben, das sich selber liebt,
so wie es dem andren gibt,
all das, was es selber liebt.

Und gemeinsam Dich erkennen.
mit allen Sorgen zu Dir rennen:
Himmelsmutter + Himmelsvater =
Gott, Du bist ja der Berater,
der Beschützer, Lebensquell',
guter Hirte, stets zur Stell'.

Tag und Nacht stehst Du mir bei,
hilfst im Alltagseinerlei,
tröstest, wenn das Herz verzagt,
ermutigst, wenn die Angst mich plagt.

Auch wir „Großen" sind wie Kinder,
die in diesem Erdenwinter
vieles noch zu lernen haben, –
doch Du schenkst uns all die Gaben,
die wir brauchen.

Klarheit

Nebel umgeben mich,
doch ich suche Dich.
Sehne nach Klarheit mich,
will raus aus dem Sumpf!

Wabernd und aufdringlich
fesseln die Sorgen,

wollen betrüben mir
den Blick auf Morgen.

Heute und hier und jetzt
will ich Leben von Dir!
Leben vom Manna,
das täglich gibst mir.

Trinken vom frischen Quell
allerbarmender Liebe,
die immerdar ist zur Stell`,
stillt alle Triebe,

spült alles Unreine weg,
reinigt die Herzen,
wäscht ab allen Dreck,
trägt alle Schmerzen.

Danke, Du Klarheit, Du,
göttliche Liebe,
bei Dir allein find ich Ruh´
im Weltgetriebe.
Danke!

Kraft

Nachts zu erschöpfter, alleinerziehender Mutter, die auf Druck des Arbeitsamtes mit 45
Jahren noch Ausbildung, bzw. Studienabschluss machte:
„ICH bin der Herr, dein Gott,
du sollst keine anderen Götter neben Mir haben.

Halte inne, werde stille,
   denn Mein Wille ist es, dass aus der Stille
geführt zur Höhe deine Kraft wächst.

Kraft zum Leben, Kraft zum Geben,
   Kraft zum Danken, Kraft ohne Schranken

zum Lieben hier, oh, glaube Mir!

Mein ist die Kraft, die stets Gutes schafft,
Mein ist die Liebe, die erlöst dunkle Triebe,
Mein ist das Reich, Mir kommt niemand gleich.

Sei du mir treu!
Jeden Tag neu
werde ICH füllen dich mit Meinem Geist,
mit Meiner Kraft,
die stets Gutes schafft.

Du bist auf Wanderschaft.
ICH schenke die Kraft.
  Sei du die Blüte!
ICH bin der Saft, die Kraft,
die alles durchpulst.

Die Lebenskraft:
Überwinder des Todes,
Verkünder des Sieges,
Vorleber des Friedens,
den euch niemand mehr nimmt.
Ja, dies stimmt:

Diesen Frieden hienieden zu haben,
daran sich zu laben,
diesen Frieden verkünden,
stärker als alle Sünden,
diese Gewissheit Meiner Barmherzigkeit.

ICH gab euch Mein Leben,
damit ihr könnt streben
zurück zum Licht.

Vergiss dies nicht!
Nimm an diese Liebe,
die erlöst niedrige Triebe! Vertraue ganz!"

Kreuz

Seit Golgatha ist es Zeichen der Macht,
Zeichen der Kraft und des Sieges,
denn am Kreuze hat es Jesus vollbracht:
aus Lieb´ die Besiegung des Krieges!

Hinab stieg Er in den Kampf dieser Welt,
in irdische Todesgefechte

und errang dadurch für Jeden, der liebt,
himmlische Heimatrechte.

Sein Licht strahlt hinein in Zweifel und Not,
verkündet die Hoffnung für Alle.

Oh, werdet doch wach, erkennt: Keinen Tod
gibt's für den, der folgt himmlischen Schalle!

Verlass' das Dunkel, streck' dich hin zum Licht!
Jesus, Er liebt dich und verlässt dich nicht!

Lastentragen hin zu Ihm
4 kleine Kinder; kein Geld; Ehemann in Ausbildung weit entfernt; Mutter schwer krank,
einziger Bruder und 2 Bekannte in Psychiatrie

Es gibt Tage der Liebe und Tage des Lichts,
doch auch Tage, da spür' ich ganz einfach nichts,-
nur Dunkelheit rund um mich her,
die will mich erdrücken mehr und mehr;
nur Trauer und Schwermut und Einsamkeit, –
da scheint keine Hoffnung weit und breit.

Da hat alles anscheinend gar keinen Sinn.
Ich seh' nicht, wozu ich auf Erden bin,
spüre keine Liebe und keine Kraft, –
ja, der kleinste Schritt mir Mühe schafft.

Diese dunkle Erde, diese kalte Welt, –
warum bin ich da hineingestellt?
Alle stöhnen, verzweifeln und klagen –
und ich soll immer stark sein und tragen?!?

Ich fühl' mich als Kind nur, zwar des großen Gott'.
Ja, ich wollte wohl helfen in dieser Not:
freiwillig, so träumt' mir, wollt' ich zur Erde,
mitzuhelfen, dass es lichter hier werde.

Doch nun scheint es mir oft:
Hab' mich schwer übernommen,
hab' zu viele, schwere Aufgab'n bekommen.

Doch dann wieder erscheint alles hell und klar.
Ich ahne, wie es einst im Ursprung war
und voll Mitleid sehe ich diese Erde
und erkenne, dass es, damit es lichter hier werde,
es notwendig ist, zu erleben die Not,
die die Menschen hier trennt von Gott.

Das Erleben dieser Gottverlassenheit,
das Stehen ganz alleine weit und breit,
das gehört wohl zum Leben in dieser Zeit.

Es wird andere Zeiten geben,
wenn die Menschen entdecken das göttliche Leben,
wenn sie erleben und sich erheben
und jeder weiß, auch das kleinste Kind:
dass wir alle Gottes geliebte Kinder sind.

Läuterung

Jesus ermutigt:
„Vertraue,
baue auf Mich.
ICH verlasse euch nicht,
führe alles zum Licht.

Bin immer da:
Jahr für Jahr,
Tag für Tag,
was auch kommen mag.
Stund' um Stunde
trag', bring' euch um Runde',

um Ecken und Kanten.
Doch ihr tut noch wanken.

Lernt doch vertrauen,
ganz auf Mich schauen,
ganz auf Mich bauen!

ICH bin euer Licht,
vergesst dies nicht.
ICH bin die Quelle
und stets zur Stelle,
wenn ihr Mich ruft.

Stufe um Stufe helf' ICH euch nach oben
zum Lichte, zum Loben,
zum Danken ohn' Schwanken,
zum Wissen, zum Hissen
der Siegesfahne
nach Meinem Plane.

Noch irrt ihr umher,
noch ist euer Leben so schwer,
noch geht ihr eigene Wege,
eigene Stege
wie störrische Rinder. –

Doch werdet wie Kinder,
die voll Vertrauen
ganz auf Mich schauen,
annehmen, was kommt,
was eurer Entwicklung frommt,
was euch schult,
euch stählt.

ICH hab' euch erwählt
und ihr habt entschieden
Mir zu dienen hienieden.
Drum akzeptiert die Läut'rung,

auch wenn wie Häutung,
wie Entblößung es euch erscheint.

Um mit Mir vereint zu werden,
gehört hier auf Erden
zur Nachfolge das Kreuz noch dazu,
damit eure Seele in Ruh', -
in Meinen Frieden reinwächst,
der nicht kann werden verletzt,
den euch niemand mehr nehmen kann.

Die Engel jauchzen dann,
wenn ihr diesen Sieg errungen,
das Schwere, Dunkle bezwungen
und Schritt für Schritt,
   -   ICH trage euch mit –
durch Gethsemane,
durch Leid und Weh
mit Mir nach Golgatha das Kreuz tragt,
nicht mehr so viel fragt,
sondern wie treue Kinder,
gleich ob Sommer, ob Winter,
ob Tag oder Nacht
haltet die Wacht:

Achtsam und treu,
jederzeit neu
euch ausrichtet auf Mich
und verzaget nicht.

In diesem Ringen,
das Frucht, Weisheit wird bringen,
steh' ICH euch zur Seite
und begleite
euch auf Schritt und Tritt,
gehe immer mit, –
denn ICH hab' errungen
den Sieg, bezwungen

die Angst dieser Welt,
drum dient nicht dem Geld.

Geht treu euren Weg.
Ich zeig' täglich den Steg,
die Aufgaben euch!
Alles wird gut!
Freut euch!
Alles ist gut!"

Leuchtturm

Vom Sturme umbrandet – oft in eisiger Kält',
da steh' ich alleine, wollt' leuchten in der Welt.

Leuchtturm zu sein in dieser schwierigen Zeit,
dazu erklärt' ich mich freudigst bereit.
Ich träumt', dass ich sah voll Mut herab,
Vorbild war ja meines Gottes Tat.

Nun denk' ich so oft: Hab' mich schwer übernommen!
Wie oft ist mir schon der Mut weggeschwommen.
Von Kindheit an: so viel Wahn, Angst und Pein.
Ich fühl' mich so oft so maßlos allein. –

Wie können Einzelne helfen hier auf der Erde,
dass es endlich lichter, heller hier werde?
Wogen der Trauer sind kaum noch zu hemmen,
Verzagtheit, Verzweiflung will mich überschwemmen.

Doch, es ist ja – gottlob nicht mein eigenes Licht,
das in mir kann niemals verlöschen, nicht.
Es ist ja von Gott – also stärker als Tod,
stärker als alles Dunkle und Not.

Es kommt ja von Gott, ist Wahrheit und Kraft,
die durch schwache Gefäße sehr Großes schafft.
Ich steh' auf dem Felsen, der niemals zerbricht. –
Und einst werd' ich schauen Sein Angesicht.

Also: halt durch, leucht' in dunkelster Nacht!
Vergiss nie: 's ist unsres Gottes Macht!
Gottes Liebe und Licht ist unendlich groß.
Vertraue darauf, lass die Sorgen los!

Licht

Licht im Dunkel dieser Zeit.
Du kennst es, mache dich bereit,
es andren zu zeigen
und nicht im Reigen
des Finst'ren zu bleiben.

Licht, lass' es leuchten,
lasse es brennen!
Hilf, dass andre erkennen:

Es gibt dieses Licht,
das verlöscht nicht,
das liebt und erhellt
diese Welt.

Nicht Macht, nicht Geld
kann euch erfreuen!
Geht diesen neuen,
einsamen Weg!
Erkundet den Steg
zum Licht,
das erlischt nicht.

Das Licht des Lebens

leuchtet nicht vergebens,
durchdringt jede Zelle,
führt über die Schwelle
in die Neue Zeit.
Mach dich bereit!

Trotz manchmal unsagbarem Schmerz:
Licht ist in jedes Menschen Herz.
Oft glimmt es nur noch,
doch:
Gott wird den glimmenden Docht nicht erlöschen lassen.
Die Welt kann dies Geheimnis noch nicht fassen.

Sein Licht durchdringt Finsternis und Wahn,
denn Gott hat einen perfekten Plan.
Nimm du Ihn an.
Dann wird es in dir Licht werden.

Licht werden

Wie jede Blüte,
so ganz speziell,
ja, Dir zur Ehre blüht, -
so möcht' auch ich ja Deine Güte,
so ganz speziell Dir dankend,
Dich erhebend, ehrend,
hier durch mein Leben strahlen seh'n.

Gestorben musst' das Samenkorn erst warten
bis Wurzeln wuchsen tief im Dunkelen des Garten'.
Besonders tief verwurzelt muss ich sein,
damit ich stehen kann und lerne Licht im Sturm zu sein.

Nicht nur `ne einzeln' Blüte wollte ich Dir bringen:
`nen ganzen Baum, auf dem die Vögel singen:

gefüllt mit Blüten, Blättern, vielen Zweigen,
die alle sich ja Deiner Güte neigen.

Und dann, am Ende meines Erdenlebens,
wird zeigen sich, ob es war nicht vergebens,
ob echte, gute Frucht gewachsen ist,
ob tauglich war mein Leben hier als Christ,
ob all die Blitze, Hagel, Schnee, Gewittern
mich ließen reifen, trotz der Angst und Zittern.

Ob all die Prüfung', Schulung gut bestanden,
damit einst wandle ich in himmlisch schönen Landen
und nicht bedaure etwas unterlassen,
als ich auf Erden ging auf dunklen Straßen.

Ein Licht zu sein auf dieser dunklen Erden!
Ich wollte helfen, dass getröstet werden,
die vielen, die Dich immer noch nicht kennen,
die suchen und Erfolg und Geld nachrennen.

Ein Licht zu werden, das den Ausweg zeigt,
das sich wie Du sich zu den Schwachen neigt
und innerlich die Nöte so sehr kennt,
jedoch damit stets hin zum Vater rennt.

Dir alles hinlegt
und unentwegt,
beugt sich in Deinen Willen,
der alles lenkt und alle Not kann stillen.

Dir danke ich.

Liebe

Aus Liebe wurde Gott ganz klein,
aus Liebe zu uns Menschen.
Aus Liebe ruft Er wieder heim,
was fiel in Erden Grenzen.

Aus Liebe hing Er einst am Kreuz,
besiegt' des Todes Macht.
Aus Liebe ruft Er auch noch heut,
ruft uns aus Erden Nacht.
Aus Liebe, – antworte du Ihm!

Liebeskraft

Jesus erklärt:
„Kraft wirkt dort, wo Menschen einmütig zusammen sind.
Kraft wird erlebbar, wenn du wie ein Kind
ganz freimütig Meine Liebe durch dich fließen lässt
und dich nicht fürchtest, sondern dich ganz verlässt

auf das Wirken, das Schwingen der Liebeskraft,
die auch noch heut' große Wunder schafft,
die sich ausbreitet in Tiefe, Höhe und Breite,
die euch erfüllen möchte mit Herzensweite,

auf dass ihr in diesem Liebessstrom
heiligt euch und gleich dem Menschensohn
segnend über diese Erde geht
und lichtvolles Strahlen durch euch weht.

Und jeder, der euch begegnet dies verspürt,
dass ihr im Alltag den Himmel berührt,
dass ihr täglich ringt um die Verbindung zu Mir:
dem Weg, der Wahrheit, dem Heiland hier.

Ihr seid Meine Schafe, ICH rufe euch!
Folgt Mir, dem Hirten,
ICH will euch bewirten!
ICH schenk' euch die Kraft,
die stets Gutes schafft.
Vertraue ganz!"

Liebeslied

Liebe ohne Bedingung
ist wundervolle Schwingung,
ist Schwimmen im Licht,
ist Tanzen ohne Gewicht,

ist Freude und Vertrauen,
ist völlig auf Dich bauen,
ist Wissen, dass Deine Kraft
Alles zum Guten schafft.

Liebe, Deine Liebe,
erlöst mich vom dunklen Triebe:
Von Ängsten und Sorgen,
von Gedanken an morgen,
hilft mir zu leben,
zu lernen zu vergeben
-        Jeden!

Zu leben in jedem Moment,
wach werden und nicht mehr verpennt
durch dieses Leben zu hasten,
sondern in Dir zu ruhen, zu rasten,
zu leben in jedem Moment
nicht mehr von Dir getrennt.

Du, Jesus Christus, liebst mich durch und durch.
Dafür danke ich Dir.
Du bist bei mir
und lehrst mich Deine bedingungslose Liebe
ohne Schranken,
dafür will ich Dir danken!

Loblied singen

Aufforderung an besorgte Mutter:
„Licht und Leben
hab' ICH euch gegeben.
Doch ihr liebt noch das Dunkel,
lebt im Gemunkel,
im Irrtum noch.
Erwache doch!

Liebe, die Fülle,
die euch einhülle,
kannst du noch nicht sehen,
solange du gehen und stehen
willst in der Welt.

Weltliches Denken will dich hinlenken
zum Unglauben,
will dir rauben
die Freiheit,
die Schönheit,
das Licht,
das Leben.
Hält dich gefangen,
lässt dich bangen,
lässt dich zittern und zagen.

Doch mit Mir darfst du wagen
ganz neues Denken:
ICH werde dich lenken,
dich leiten,
dir den Weg bereiten
zur Wahrheit,
zum Licht.
ICH verlasse dich nicht,
befreie täglich aufs Neue
dich von Sorgen und Lasten,
die noch auf dir lasten.

Fröhlich beginnen, ein Loblied singen!
Dies sei dein Leben
von der Liebe gegeben!

Begreife es!
Ergreife es!
Glaube es!
Lebe es!   Du bist frei!"

Mut

Jesus Christus ermutigt in Krise:
„In dieser Welt habt ihr Angst.
Doch seid getrost:
ICH habe die Welt,
die Schwere, die Leere,
den Tod, die Not,
die Trennung,
das Gesondert-Sein = die Sünde überwunden.

ICH wurde geschunden,
doch durch Meine Liebe und Mein Licht
siegt die Dunkelheit nicht.
Ihr dürft ganz mutig vorwärts gehen
und feste stehen,
vertrauen, glauben, wissen
und die Glaubensfahne hissen:
Nichts und niemand kann euch schaden!
Ihr lebt ganz aus Gottes Gnaden.

Den schweren Stein von eurem Grab,
den heb' ICH ab
und so befreit zur Herrlichkeit
kommt neues Leben
zum Weitergeben
in euer Sein.
Noch fühlst du dich klein, -
doch ergreife Meine Hand.
Wir sind verwandt.
Das Gottesband ist stark und fest.
Es hält und schützt nicht nur im Nest.

Nein, auf steilen Höhen, schwierigem Pfad
führe ICH sicher über jeglichen Grat.
Halte dich ganz eng an Mich,
dann wird alles gut.
Hab' stets frohen Mut!   Es wird alles gut!"

Nähe zum Licht suchen

Sorgen, Trauer, Kraftlosigkeit und Schmerz
wollen mich fesseln, bedrücken mein Herz.

Ängste schnüren ab mir die Luft,
meine Seele fühlt sich in dunkelster Gruft.

Doch da höre ich leise:
„Vertrau auf Mich! Alles wird gut!
Suche doch jetzt was wohl dir tut.
Grüble nicht!
Suche die Nähe zum Licht!

Danke
und tanke
Gedanken
der Wahrheit und Güte.
Dann kommt dein Inneres wieder zur Blüte
und du kannst wieder klarer sehn,
wohin dein Lebensweg wird gehen.
Vertraue ganz!"

Neues Denken lernen
und danken, dass im dankenden Dasein
jeder jetzige

Atemzug achtsam,
bewusst bewegt auf
Christus orientiert,
dankt und
freundliche, fröhliche, friedvolle, freie, fürbittende,
geistvolle, glückliche,
hingegebene, horchende,
innige, im
Jetzt jauchzende

Kinder des Königs kommen
lobend, liebend und lachend,
machtvoll miteinander musizierend
nach und nach, näher und näher,
Offenheit offenbarend, Ohnmacht überwindend,
priesterlich preisend zur
Quelle, die
reinigend, Ruhe
spendet. Singende, schwingende Schönheit:
tanzend, Trost spendend
und überwindend Unmut und Übles,
vorwärts zur Vollkommenheit
wollend, wirkend, wandelnd
zum Ziel zeitüberwindender Zuversicht.

(nach „Oasentag" mit getanzten und gesungenen Hagios-Liedern und abends noch Singen
mit Sabine Weber)

Neues Lied

Sprich aus das: „Licht –
es werde!" – Nicht
Dunkelheit mehr dich belaste,
nicht Altes oder Zukunft dich ausraste.

Das Wahre,
das Klare,
das Schöne, die Güte,
all das kommt in dir zu lebendiger Blüte,
wenn du aus dem Dunkel heraus zum Licht
trittst und vergisst nicht:

zu danken, zu loben
dem Himmel droben
und drinnen im Herzen
werden heilen die Schmerzen.

Und du erlebst tiefe Freude
trotz manchem Leide.
Unbeschreiblicher Friede
inspiriert zu neuem Liede,
zu neuem Mut,
denn du erlebst: Gott ist gut!

Neue Zeit
1985

Unter einer Decke von Eis und Schnee
keimt es
– das Neue.

Ganz im Verborgenen,
geschützt vor allem, was ihm schaden könnte
– dem Neuen.

Sehnsuchtsvoll erwartet von wenigen,
von einigen geahnt,
von manchen zweifelnd erträumt,
von vielen belächelt
– das Neue.

In jedem Mensch ruht ein Abglanz,
 ein Abbild dieses Neuen, Großen. –

Wenn es sich zeigen wird – das Neue,
dann wird alles Alte, auch alle alten Vorstellungen vergehen,
alles wird ganz anders sein.

Noch nicht sichtbar gewesen
und doch in kühnsten Träumen erhofft, ersehnt, erahnt
und dadurch vertraut, bekannt, Erfüllung aller Sehnsucht.

Ein neues Erwachen, ein lebendigeres Leben –
geboren unter schwersten, schmerzhaften Wehen.
Bei fast jeder Geburt gibt es eine Phase,
da meint man, verzweifeln zu müssen.
Man meint, es nicht zu schaffen,
doch dann,
irgendwann
ist das Drängen des Neuen so groß,
so stark, man meint zu zerplatzen
und dann ist es da:
das Neue.

Und der Schmerz, der scheinbar unerträgliche,
hatte doch seinen tiefsten, höchsten Sinn
 und die Freude lässt alles Alte, Schwere hinter sich.
Die Freude am Neuen wird alles überstrahlen!

Nimm Mich ganz ernst!

Jesus fordert 42-Jährige in Krise auf:
„Höre Meine Stimme!
Es ist zum Gewinne
für dich – und für andere
Wanderer
zum Heil!

Zage nicht!
Zögere nicht!
Wage dich!
Nimm Mich ganz ernst!

Lang ist die Schulung,
die bereitet die Herzen, –
oft unter Schmerzen, –
doch dann kommt die Zeit.
Mach' dich bereit, -

ergreife die Freud!

Ergreife das Seil,
das dich führt zum Heil.
Halte es fest,
denn es führt dich zum Fest
Meiner Liebe!

Meine Liebe,
sie ist das Ziel
allen Seins. –
Bist du vereint mit Ihr, –
ist kein Mangel in dir: -
Du wirst ganz licht!

Folge doch Mir, -
ICH rufe zu dir:
Nimm Mich ganz ernst!"

Oase
Erleben einer 33-Jährigen

Oase sein -
Inmitten einer großen Wüste

Oase sein –
Für die, die suchen nach lebendigem Wasser

Oase sein -
Das bedeutet eine fast erdrückende Verantwortung haben

Oase sein –
In sich das lebendige Wasser tragen

Oase sein –
Ständig wachsam sein, denn der Sand der Wüste

will auch dich zudecken und deine Quelle versiegen lassen

Oase sein –
Ständiger Kampf im Inneren um Reinheit
und Klarheit des lebenspendenden Wassers. –
Und nach außen die Hoffnung weitergeben,
nach der alle so dürsten.

Oase sein –
Labsal und Kühlung sein,
Frieden und Mut vermitteln
– obwohl im Inneren alle Zustände der tiefsten Wüste erlebt werden
und oft im Inneren selber nur noch ein Tröpfchen Hoffnung lebt. –

Doch dann wieder das Erleben der Not der anderen:
Was ist meine Verzweiflung dagegen?
Irgendwo weiß ich ja die Antwort,
auch wenn der Sand oft fast alles zuschüttet.
Tief im Verborgenen sah ich sie ja: die unversiegbare Quelle.
Doch die meisten, sie irren noch umher
und wissen noch gar nicht die Richtung.

Also: Oase sein!
Inmitten der Wüste,
lebendiges Wasser bereithalten
und Palmen der Hoffnung wachsen lassen.

Oase sein!

Orientierung
nach Sich-Angegriffen-Fühlen

„Jubel und Freude
erfülle dich heute!
Sieh nicht nach links und rechts,
– sondern geradeaus – auf Mich!

Nicht über das Denken,
sondern durch das Hinlenken
deiner Gedanken auf Meine Liebe wirst du frei!
Einerlei -
wie sie reden und lachen;
sie sehen nur ihre Sachen, -
sehen das Diesseits nur, -
vom „Wissen" noch keine Spur.

Lasse dich irritieren nicht. -
Das lebendige Wort spricht –
auch noch heute,
sucht all' die Leute,
die einfach nur
folgen Meiner Liebesspur,
die fragen stets:
‚Heiland, wo lang geht's,
wie würdest Du nur,
die Liebe pur,
jetzt handeln?
Wie sollen wir wandeln,
dass wir bleiben treu,
Dir, unserem Herrn, jeden Tag neu?'

Lebet die Liebe,
zügelt die Triebe
mit Meiner Hilfe, mit Meiner Kraft,
die seit Pfingsten schafft
in allen denen,
die sich sehnen
nach Wahrheit und Licht, -
die meinen nicht,
sie hätten Alles schon
und deshalb voller Hohn
blicken runter auf kleine Leute.
Schämt euch heute,
wenn ihr meint weiter zu sein
als die Kinder klein,
die einfach zu Mir
kommen hier
und sitzen auf Meinem Schoß.

Meine Lieb' ist so groß!
Doch sie empfangen
und sie erlangen kann nur ein offenes Herz.
Du, erkenne den Schmerz,
denn der Hochmut der Menschen
hält sie in Grenzen,
hält sie gefangen in Blindheit heut'.

Oh, alle ihr Leut`, –
werdet wach!"

Passion

Jesus Christus sagt: „Wer Mir nachfolgen will,
der verleugne sich selbst und nehme sein Kreuz auf sich und folge Mir
nach!"(Markus 8, 34)

Es gibt so viele Leidenschaften, die Leiden schaffen. – Doch Du,
Jesus Christus, hast die Brücke geschaffen zu einem Leben ohne
Leid.
Hier auf Erden kann es allerdings Zeiten geben, in denen wir, Deine
Nachfolger

- versucht
- gedemütigt
- beschimpft
- verleumdet
- geschmäht
- gekränkt
- angegriffen
- missverstanden
- verletzt
- verwundet
und von Menschen ganz allein gelassen werden.

Wir sollen Diamanten Deiner Liebe werden –

und dazu sind wohl noch manche Schleifprozesse nötig.
Manches muss noch geläutert werden,
Altes muss verbrannt werden,
damit wir wirklich wahre, klare Gefäße für Deinen Heiligen Geist
werden.

In diesem, für unser Ego schmerzhaften Geschehen dürfen wir mehr
und mehr die Gewissheit erleben:
Du bist bei uns und unser Allerinnerstes ist unverletzbar
und hat durch Deine Liebestat auf Golgatha ewiges Leben!

Prüfungszeit

Ein See voller Tränen in mir drin,-
ich weiß nicht mehr wozu, wohin?
Es drückt, es zieht zum Abgrund hin,-
ist voll Verzweiflung: Wo ist der Sinn?

Wozu ist all das Schwere gut?
Die Sorge, die Angst nimmt allen Mut.
Sie baut doch gar nichts Neues auf.
Sie zieht, belastet und drückt nur drauf.
Kraftlosigkeit, Verzagtheit wie ein hoher Berg.
Ich fühl' mich so klein, wie ein winziger Zwerg.

Verlassenheit, Kälte und so viel Not. –
Ich schreie zu Dir, Du starker Gott!
Wenn dieses Tal doch was Gutes bringe, -
damit ich einst in Psalmen singe,
wie Du mich sicher herausgeführt,
anderen dadurch auch das Herz berührt!

Ach, Herr, ich weiß nicht weiter mehr.
Dies Leben find' ich schrecklich schwer.
Was soll dies Leben auf der Erde?
Mach doch, dass etwas Gut's draus werde,
aus all diesen Sorgen, Angst und Pein!
Ich fühle mich so sehr allein!

Durch Druck, – so sagten mir meine Tanten,
durch Druck entstünden ja Diamanten!
Doch wieviel Druck kann ich noch ertragen,
ohne so ganz dran zu verzagen?

Herr, Du kennst mich durch und durch.
Danke, dass Du der allwissende Druck-Regler bist!

Psalm
geschrieben von einer 30-Jährigen in schwerer Zeit

Du, mein großes Du, so groß und unendlich.
Und doch so nah, so vertraut.
Du, der Inbegriff all dessen,
was für mich Liebe, Licht, Kraft, Freude bedeutet.

Du, der Weg, die Wahrheit und das Leben.
Du, Unendlichkeit, in Jesus Christus Mensch geworden.
Du, das Ziel und zugleich die Hilfe, der Weg zum Ziel.
Du, der Ursprung, die Quelle all meiner Kraft,
die Quelle allen Seins, die Quelle des Lebens.
Du, die Mitte, der Mittelpunkt, in dem alle Gegensätze aufgehoben
werden.
Du, das Ziel!

Du,– das Höchste, Schönste, Edelste,
Vollkommenste, das ich mir erhoffen, erträumen kann.
Du, - mal fremd und erhaben – und dann wieder ganz vertraut.
Du, - väterlich, mütterlich, umhüllend
und umsorgend, fordernd und erziehend,
dann wieder brüderlich, schwesterlich,
mitkämpfend, zur Seite stehend,
solidarisch, mittragend, mitfühlend.

Du, - Du großes, unendliches Du!
In der Begegnung mit Dir wachse ich.
In der Begegnung mit Dir findet
all mein Sehnen und Hoffen eine Antwort.

Du, – wenn schon die Liebe zu einem deiner Geschöpfe
mich manches Mal voll ergreift, durchpulst, durchstrahlt;
– wieviel größer und tiefer wird dann das Erleben der tiefen Liebe mit
Dir sein. –
Ich erahne es bloß, scheue mich diese Gedanken weiter zu denken….
Doch das Bild der mystischen Hochzeit,
die Sehnsucht der Braut nach dem Bräutigam,
dies gibt mir den Mut weiter zu hoffen, zu sehnen, zu glauben
an die ganz persönliche Beziehung zur Dir,
die persönliche Begegnung mit Dir,– meinem Gott.

Nach Deinem Reich, nach Deiner Liebe,
nach Deiner Vollkommenheit sehne ich mich.

Du gibst mir die Kraft, Menschen -
trotz aller Enttäuschungen - immer mehr
in verstehender Liebe zu begegnen.

Du, – Du bist die Antwort auf alle Fragen meines Lebens. Danke!

Quelle

Es gibt einen Weg, direkt zum Licht,
der braucht alle Theorien und Bücher nicht.
Es braucht nur ein Herz voller Sehnsucht im Leide,
voller Suchen nach Dir, nach der echten Freude.

Ein Herz voller Liebe zum Höchsten bereit,-
das aus Liebe zum Nächsten hin sich neigt.
Ein Herz – ganz bereit auch Schweres zu tragen,
nicht nur nach dem eigenen Glücke zu fragen.
Bereit auch die Not der Andren zu leben,
um sie dann mit in das Licht zu erheben.

Traget einander des Anderen Last
liebet euch auch in des Alltages Hast.
Doch erkennt, dass die Kraft, die da nötig ist,
nicht aus euch selber zu holen ist!
Beugt euch nur immer und immer wieder
an der einzigen, wahren Quelle nieder:
Unversiegbar, voll Kraft, Liebe und Freude
verströmt sie ihr Licht und Heilung noch heute.

Der allein'ge Gott, Jesus, Heil'ger Geist, Vater,
Er will doch sein unser steter Berater.
Ganz einfach ist dies für ein einfaches Kind,
doch so sehr schwierig, weil wir Menschen sind:
so gebildet, vielleicht sogar spirituell:
das Einfach-Sein ist heut' nicht aktuell.

Das einfache Kindsein erscheint uns naiv.
Da schaut man doch heut' meist nur noch sehr schief,
wenn jemand dir sagt: „Ich bin Gottes Kind!" -
Doch weil alle unsre Geschwister sind,

so kann ich im Haus des Vaters mein
sicher niemals werden ganz glücklich sein,
bevor nicht alle und jeder entdeckt,
dass auch in ihm Gottes Ebenbild steckt

und er umkehrt vom lauten Weltengetümmel,
ganz gleich ob hier arm oder reich oder Lümmel;
Umkehr nach Hause, das ist ja das Ziel.
Dies bringt dir den Frieden, nicht Wissen viel.

Die Sehnsucht, sie treibt und sie drängt und sie sehnt,
dass sich einst jedes Geschöpf ganz an Ihn lehnt,
an den wahren Quell: Gott, Vater, Heil'ger Geist,
der ständig uns alle hier nähret und speist. –

Doch wir wissen noch nichts und meinen im Wahn,
dass der Mensch aus sich heraus gut sein kann.
Und viele rufen: Frieden und Harmonie!
Doch wenige nur beugen ihr inneres Knie.

Gar manche erleben Kraft, Stärke und Macht
und merken noch nicht, dass sie haben noch Nacht
in ihrem Inn'ren, solang sie noch meinen,
all ihre Macht im Großen und Kleinen
wär' zu verdanken dem eig'nen Willen
und damit könnt' man die Not hier stillen.

Nein, Vater, oh, Gott!
Es muss klar erst noch werden,
wer täglich schenkt Kraft zum Atmen auf Erden,
wer täglich die Kraft neu in uns lässt werden.

Einfachheit, Demut, Vertrauen, ach, –

lieber erleiden die Menschen viel Schmach,
aber einfach sein, oh nein,
das will kaum jemand sein.

Doch die Quelle, sie wartet,
ganz klar, ganz rein.
Sie verströmt ihre Kraft, –
Wandrer, halte ein!

Nimm dir Zeit, halte inne, werde stille,
schöpfe neuen Mut!

Trink' an der Quelle!
Dies tut dir so gut.

Reben am Weinstock

Jesus Christus fordert 50-Jährige auf:
„Liebe die Menschen
   ohn` alle Grenzen,
denn der Liebe allein
   öffnen die Menschen ihre Herzen,
      lassen los alte Schmerzen,
öffnen sich Meinem Geist,
   der den Weg ihnen weist,
öffnen sich Meinem Leben,
   damit ihnen wird vergeben
      alle alte Schuld;
damit sie erleben:
   Sie sind wachsende Reben
      am Weinstock des Lebens
         und nichts ist vergebens,
was aus Liebe zu Mir ihr tut.

   Alles ist gut.
Denen, die Mich lieben,

werden alle Dinge dienen
    zum Besten.
Im Osten, im Westen,
im Süden, im Norden, -
alles ist gut geworden –
seit Golgatha!

Vertraue ganz!"

Reifung

Jesus Christus rät:
„Werde ganz stille, –
dann wird Mein Wille
in dir offenbar.
Ganz ruhig und klar
sollst du werden.
Alle Schulung hier auf Erden
hat ein höheres Ziel!

Such' nicht zu viel!
Sammle nicht an, –
sonst kommt der Wahn.
Meine Botschaft ist einfach und klar:
ICH bin es ja,
der euch liebt und führt
und alles regiert.

Noch seid ihr verstrickt, –
doch ICH bin geschickt,
zu lösen die Bande.
ICH gab mich zum Pfande
der Befreiung für euch.

ICH löse die Ketten.
ICH werd' alle die retten,

die bitten um Hilf':
König und Knilch,
Bettler und Reich'; –
in Meinem Reich
gelten alle gleich.

Entscheidend ist,
dass ihr begreift:
erst langsam reift
euer Leben zur Frucht!

Zuerst wird bereitet gute Erde,
hinein kommt der Same, damit er sterbe
im Dunkel der Erde.

Dann keimt die Saat
und früh und spat
müsst ihr nun wachen
gegen feindliche Drachen:

Gegen zu starke Sonne,
gegen zu viel Wasser,
damit der Keim, eure Wonne,
durch dunkle Hasser
nicht verdirbt
und zu früh abstirbt.

Jedoch das Wasser des Lebens
fließt nie vergebens.
Täglich braucht es die Pflanze,
die ganze,
damit sie wachse und gedeihe,
jeder Mensch sich an ihr freue
und dann sprießt das Neue:

Die Blüte –
entzückt manch' Gemüte.
Doch welkt sie dahin, -

dies ist neuer Beginn:
Befruchtet bringt sie neues Leben
vom Schöpfer nach Geduld gegeben.

An dieser Frucht wird man erkennen,
in welche Richtung ihr wollt rennen.
Seid ihr bereit zu lieben,
zu dienen im Frieden
und zu folgen Mir?
ICH stehe zu dir,
– doch du: Folge Mir!"

Rettung

Angst, die raubt mir alle Kraft.
Kraftlos häng´ ich in den Seilen,
schreibe zitternd diese Zeilen,
frag mich: Was ist Lebenssaft?

Lebenskraft und Lebenssaft,
neuen Mut und neue Freude
brauch´ ich dringend und zwar heute,
täglich brauch´ ich neue Kraft!

Jeder Schritt ist eine Qual.
Schwere drückt mich so sehr nieder,
schwer sind alle meine Glieder, –
doch ich ahn´: Ich hab´ ´ne Wahl!

Seh´ vor mir den Retter steh´n:
ER hat alles Leid ertragen, –
Ihn alleine kann ich fragen
und ER hilft den Weg zu geh´n.

Ja, ER tröstet und ER mahnt.
ER schenkt Liebe, Kraft und Freude.

ER hilft raus aus allem Leide.
ER hat uns den Weg gebahnt.

Raus aus Erdenangst und Pein
führt Sein´ Licht und Seine Liebe
mich hindurch durchs Erdgetriebe.
Durch IHN bin ich nie allein.

Drum will ich jetzt dankbar sein,
will nicht weiter mehr so klagen.
Weiter Leben mit IHM wagen,
lass´ Sein Kraft in mich herein.

Jesus biet´t Erquickung an.
Jesus trug die Lasten alle,
die entstand´ durch Sündenfalle.
ER hilft raus aus allem Wahn.

Jesus, Tröster, bist die Kraft!
Jesus, Du, Du bist die Freude!
Jesus, Dir, Dir dank' ich heute!
Du hast neuen Mut geschafft.

Danke!

Rückblick - Vorblick

Nun, im Herbst meines Lebens,
es scheint nicht vergebens,
dort wo ich liebte,
auch wenn ich Manches nicht kriegte,
wie ich's vorstellte mir.

Wichtig bleibt hier:
Gott ist bei mir,
auch in den dunkelsten Stunden

hat Er mich gefunden,
ist Er mein Trost, mein Halt
in dieser Welt so kalt.

Er gibt Kraft aufs Neue,
damit ich nicht scheue,
weiter zu krabbeln hier.

Oft wie ein Kind, das schier
den Weg gar nicht kennt.
Oft zur Mutter hinrennt,
dort sich ausflennt
und dann weiter probiert,
weiter forscht, weiter fragt
bis es wieder geplagt
von Ängsten und Schrecken,
die diese Welt tut wecken, -
es will sich verstecken
und die Hände hochrecken
und um Hilfe schrei'n.

Danke, ich bin nicht allein!

Kann wie alle Frommen
stets zu dem Helfer kommen,
dem guten Hirten,
der will bewirten,
beschützen, behüten
mit all seiner Güten
alle Menschenkinder,
die noch leben im Winter
dieser Welt.

Er baute die Brück',
damit zurück
ins himmlische Glück
alle wir kommen.

Schmerz-Überwindung

Jesus Christus tröstet:
„Schmerz, Mein Herz, Mein Kind,
tobt, - doch vergeht wie der Wind.

Noch ist Prüfungszeit,
doch mach dich bereit:

Geläutert, geschmiedet, gereinigt durch Pein,
gehst' schrittweis' auf höhere Stufen ein.

Raus aus der Schwere, dem Dunkel – zum Licht!
Was durch Leiden errungen,
das raubt niemand, nicht!

Was durchlebt und durchlitten,
bleibt im Gedächtnis dir
und hilft dir verstehen die Not all hier.

Was in Schmerzen geboren,
bleibt kostbares Gut,
geprüft im Feuer, in heißer Glut:

Dies bleibt bestehen, –
auch wenn Welten vergehen:

Die Verbindung zum Licht
niemand mehr durchbricht.

Dein Vertrauen
kann nichts mehr zerschlagen,
denn du tust bauen
und alles wagen
an der Hand Dessen, der spricht:

ICH bin der Weg, die Wahrheit, das Leben, das Licht!

Folge Mir nach!
Ruhe in Mir!
ICH helfe dir.

Steh' auf dem Felsen, der nicht wackelt, noch wankt
und lebe ein Leben, das stets immer dankt!

Suche die Stille, die Ruhe in Mir. -
ICH bin die Quelle und stehe zu dir.

Suche die Kraft, ganz aus MIR zu schöpfen,
lasse das Wissen den „klugen Köpfen".

Belaste dich nicht mit totem Wissen,
sondern lerne die Fahne des Glaubens zu hissen.

Echte Wahrheit findest du nur durch den Heiligen Geist,
der dich durch des Lebens Schulung einweist
in die Lehre der Liebe, des echten Vergebens,
der dich schult täglich in der Schule des Lebens.

Der dich führt durch manch' dunkles Tal,
der dir nicht erspart manche schwere Qual.

Doch geschmiedet durch des Lebens Last,
bekommst du 'nen Schatz, den du immer hast,
den du mitnimmst, wenn dein Erdenweg endet
und sich alles Innere nach außen hinwendet.

Dann wird sichtbar dein innerster Kern,
offenbar wird all das, was du tatest gern:

All' deine Gedanken, dein Sehnen und Hoffen,
Alles wird sichtbar und liegt dann ganz offen.

Darum: lebe die Liebe!"

Segen

Jesus Christus verheißt:
„Leben aus Gnade,
wachsen in Liebe
hin zum Licht!

Nicht Gericht!
Nein, Zurechtrichten,
Zurechtrücken,
damit voll Entzücken,
voll Wahrheit,
voll Glanz
werde dein Leben ganz.

Licht und Liebe
wandeln um alte Triebe
und allein aus Gnade
bekommst du die Gabe,
zum Kanal zu werden
hier auf Erden
für himmlischen Segen,
damit sich kann regen
in suchenden Herzen,
raus aus den Schmerzen,
Hoffnung und Sehnsucht
zurück nach Haus.

Segen die Fülle
steht bereit.

Doch wo ist die Hülle,
das offene Herz,
das ist bereit
in dieser Zeit,
in diesem Tal
nicht die eigene Qual
zu sehen,

sondern an die Quelle zu gehen,
um täglich neu
und ohne Scheu
sich reinigen und erfüllen zu lassen?

Verstand kann's nicht fassen,
sondern nur das kindlich' Vertrauen,
dass du darfst bauen - ganz auf Mich.

Leben im Segen!
ICH möchte euch geben,
so viel Schönes, die Fülle. –

Noch sucht ihr in Gülle,
im Schlamm und im Dreck.
Lasst das Alte weg!

Richte dein Suchen, dein Denken
ganz aus auf Mich, dann kann ICH es lenken,
dass volles Licht erfüllt dich.

Nur durch ein offenes Herz,
geläutert durch Schmerz,
geschult in Geduld,
befreit von Schuld,
betend und fragend,
Not hintragend
zu Mir, - kann fließen Mein Segen
wie tröstender Regen
auf dürres Land.

Ergreif' Meine Hand!
Echte Glückseligkeit
steht bereit
für alle, die jetzt noch mühselig und beladen sind.
Komm her, Mein Kind!

ICH segne und erquicke und heile dich."

Sehnsucht

Ich sehn' mich so nach Deinem Licht,
doch Flügel habe ich noch nicht.

Noch stehe ich in diesem „Werde!",
noch fühle ich die Not der Erde.

Zum Stehen hier auf dieser Erde
und Wachsen hin zu Deinem Licht,
da braucht es wohl der Wurzeln viele,
damit der Sturm umwirft mich nicht.

Sicherheit

Geborgen in unendlicher Liebe.
Getragen von unendlicher Kraft.
Geschaffen aus unendlicher Güte.
Geleitet von unendlicher Weisheit.

Unendliche Fülle,
aus der ich gekommen.
Unendliche Fülle,
zu der ich zurückstrebe,
um Dir zu begegnen
mit dem Geschenk meiner freien Liebe.

Ja, unendlich, –
doch „Du" darf ich, kann ich sagen,
denn die Gewissheit um ein Zentrum
in Deiner Unendlichkeit
erfüllt mich mit Mut und unendlicher Freude!

Heiland, Du!
Heiland, als Mensch erlebtest Du
die tiefsten Tiefen dieser Erde,
die tiefste gottverlassene Einsamkeit der gefallenen,
von der Quelle getrennten Schöpfung,
tiefste Nacht, tiefste Verzweiflung.

Doch Deine unendliche Liebe trägt alles heim ins Licht.
Stärke Du alle, besonders auch die,
die Dir nachfolgend wollend,
auf diese finstere Erde gingen und helfen wollten,
doch jetzt umherirren
und vor lauter Irrlichtern,
Dein einfaches, klares, reines Licht
nicht mehr sehen.

Hilf Du, Du Quelle aller Sicherheit!

Sicherheit, die unumstößliche Gewissheit.
dass Dein Heilsplan sicherlich zum Ziel führt:

zur Geborgenheit aller in Deiner unendlichen Liebe:

Sicherheit!

Sinn des Lebens

Wir Menschen rennen und hasten,
wollen „Haben", nie fasten,
nicht geben, nicht teilen,
können selten verweilen,
weil's uns treibt und drückt.

Mancher wird gar verrückt,
denn der Druck wird zu groß.

Doch es gibt einen Schoß,
einen Ort der Stille,
dort: dem Schöpferwille'
begegnen du kannst.

Wo du erkennst,
wie vergeblich du rennst,
wenn nur dem Geld Du nachjagst.

Ja, du fragst:

Woher? Wohin?

Was ist denn der Sinn
dieses ganzen Lebens,
dieses verrückten Strebens
nach Erfolg und Glück?

Alles ist nur ein Stück-
werk, das vergeht,
wie vom Winde verweht....

Doch was ist's, das bleibt,
auch wenn ich entleibt,
wenn ich nicht mehr hier „lebe",
sondern „meinen Geist aufgebe"?

Was führt zu ewiger Freude,
erlöst uns vom Erden-Leide?

Geschaffen hat uns Gott perfekt,
doch durch Verführung wurd's defekt:

Verließen einst das Paradies,
es blieb uns nur die Finsternis.

Heut' meinen wir, dies sei normal,
doch eigentlich ist's eine Qual:

Der Alltag hier ohn' Gottes Licht;
für viele ist dies schon Gericht,
ist Trauer, Stress und Einsamkeit,
obwohl geschaffen zur Gemeinsamkeit!

Im Geld und Rausch, da sucht man Freud',
doch eigentlich braucht man andre Leut',
mit denen man dem Schöpfer dankt
und neue Kraft zum Leben tankt.

Verdrängen tun wir tief're Fragen,
oft drücken sie uns auf den Magen,
beschäft'gen uns bis in dem Traum
und rufen: „Auf, verschaff' uns Raum!"

Doch wer echt suchet, der kann finden,

kann Höhen, Tiefen neu ergründen
und lernt sich selber überwinden
mit Hilfe Dessen, Der dich liebt
und täglich neue Kraft dir gibt:

Er ist das Wort, ja echtes Leben.
Er will uns Seine Liebe geben
und diese Liebe hat Gewicht.
Sie endet mit dem Tode nicht.

Sie erfüllt mich,
je mehr ich sie suche und lebe –
und sie an andere weitergebe.

Auch nach dem Sterben, das steht fest,
ist Seine Liebe: mein Schutz und mein Nest!

Drum eh es zu spät ist, werd' ich es wagen,
jedem, der zuhört kindlich zu sagen:

An die göttliche Liebe persönlich dich wende,
dann hat deine Suche bald ein Ende.

Öffne der himmlischen Liebe dein Herz,
dann wird geheilt werden jeglicher Schmerz.

Sinn des Leids
nach Katastrophen klagen viele Menschen Gott an…

Im Getriebe dieser Welt Vieles dreht sich um das Geld,
alles schreit noch mehr, noch schneller!

Doch im Herzen wird's nicht heller,
nein, die große Dunkelheit macht sich breit:
kaum echtes Wissen, kaum tiefes Fragen
in diesen Tagen.

Verirrung, Verwirrung.

Kein höheres Ziel,
doch Irrtum so viel
und Angst und Not,
denn ohne Gott
wird innerlich tot
dein innerster Kern,
du bist Ihm so fern.

Wie in unterirdischen Schächten,
in finstersten Nächten
 irren die Menschen,
erleben Grenzen,
verzweifeln und schrei'n:

„Das ist gemein!
Gott ist ja so fies,
dass mir geht's so mies!"

Doch Gott spricht noch heute,
ruft Seine Leute:

„Du, suche Mich,
ICH liebe dich!

Doch ICH komm` nicht ran
solang du im Wahn!
Werde ein Finder,
werde ein Künder
für verlorene Kinder,
denn ICH rufe euch!

Mein Joch ist leicht.
ICH mache euch reich,
reich an Kraft und Freude,
an Frieden und Licht.

ICH verlasse euch nicht.

Jeden, groß oder klein.
Alle rufe ICH heim!
Kommt zurück zum Licht,
denn die Erde ist nicht
das wirkliche Ziel!

Noch versteht ihr nicht viel.

ICH lass` zu all das Leid,
damit ewige Freud
gesuchet wird.

ICH bin der Hirt`,
führe durchs Erdental.

Doch alle Qual hat dann ein Ende,
wenn eine Wende
in dir findet statt.

Öffne dein Herz,
dann endet dein Schmerz!

Die Erde hier,
 oh, glaube Mir,
ist Übungsfeld,
Durchgangsstation
zur Individuation,
zum freien Menschen,
der in den Grenzen
der Erd' Mich annimmt
und wird Gottes Kind.
Gottes Erbe, damit stark in ihm werde
Meine Schöpferkraft und dadurch Neues schafft.

Die Trainingsbedingung ist ideal,

doch ihr Menschen seht stets nur die große Qual.

Doch sagt Mir: Wie wollt ihr gut trainieren
den Kampf, den ihr sollt ja nicht verlieren?

Den Kampf gegen Dunkles,
Verzweiflung und Schwere,
Egoismus, Streitsucht und innere Leere?

Mein Heiliger Geist möcht' euch trösten und führen,
doch zuerst müsst ihr euren Hochmut verlieren,
zerbrechen all euren menschlichen Plan,
herunterkommen von all eurem Wahn.

Dann kann in euch wachsen ein neues Beginnen
und ICH kann euch in Mein Friedensreich bringen:
die Gewissheit, dass ICH stärker als alles Leid
und dass letztendlich sieget die ewige Freud."

Stärke

Zahlreiche Menschen meinen:
„Christen sind schwach!"
Ist dies Wahrheit? Ach,
ja, auf einer Ebene: Ja!
Wir kämpfen nicht aufs Blut, das ist klar!

ER vergoss Sein Blut für uns.
ER zeigte uns in Seiner Gunst
den Weg der Hingabe, der Vergebung,
des gewaltlosen Widerstands.

Die Friedliebenden werden das Erdreich besitzen!
Sie, die die Schwachen, die Armen beschützen.
und die, die nicht Gewalt benützen,
sondern die unterstützen,

die gedemütigt wurden
und die das Lieben
auf ihre Fahnen schrieben.

 Das sind die geblieben,
die mit Lächeln von Erden schieden,
weil sie erlebten,
auch wenn die Grundfesten bebten:
Ihre Seele schwebt
hin zu DEM, Der ewig lebt.

Der den Tod überwand,
den Weg zurück zum Himmel fand
und knüpfte das Band
der Liebe
heraus aus dem Getriebe
dieser Welt
zum ewigen Himmelszelt.

Auf Seinen Erlöserwegen
können wir uns bewegen
und hinter uns lassen
alle, die uns hassen. –

Und doch beten für sie,
dass auch sie beugen die Knie
und erkennen hie',
wie sehr Gott liebt auch sie
und sie dann bereuen
und ganz von Neuem
sich beugen vor Ihm,
der jedem erschien,
der wahrhaftig sucht.

Gott, ist nicht der, der verflucht.
Also beug' dich vorm Schöpfer,
vor dem ewigen Töpfer,
vor dem Erfinder,

dem Gründer
des Universums.

Anerkenne auch du Seine Größe.
Dies ist nicht Schwäche, keine Blöße,
sondern schafft dir Zugang zur Kraft,
die Wunder schafft.

Seine Allmacht und Gnade
und unendliche Barmherzigkeit
wirkt in Ewigkeit.

Bist du bereit,
dass sie durch dich wirkt?

Echte Stärke,
um zu tun Seine Werke,
ist Wachheit und Klarheit,
sucht stets die Wahrheit,
lebt volle Liebe,
überwindet egoistische Triebe
und arbeitet niemals mit Angst.

Stille

Jesus fordert 50-jährige, gestresste Mutter auf:
„Werde du stille,
dies ist Mein Wille!

In der Stille nur,
findest du Gottes Spur.

Der Lärm dieser Welt
gar vieles verstellt,
vieles verdeckt
und vieles verdreckt.

Ja, es gibt sie hier,
glaube es Mir:
die Lärm- und Innenweltverschmutzung,
weit weg von der echten, richtigen Nutzung
der Natur,
verlort ihr die Spur.

Werde du stille,
dies ist Mein Wille!

Die Einfachheit hier
liegt am Herzen dir.
Nicht der Rummel ums Geld,
nicht das Hasten der Welt
ist das Wichtigste hier.

Ja, glaube Mir!

In der Stille ordnet sich dein Innenleben.
ICH kann dir dort Hilfe geben.

Mein Heiliger Geist dich dort lehren kann.

Mein Auferstehungsleben
kann in dir weben,
in dir wachsen,
in dir wirken und bewirken,
dass du lebendig wirst
und Mein Geist durch dich Wunder wirkt
und Heilung.

Neues Leben, neue Geburt,
ganz in der Stille
im Abgesondert-Sein,
dort lade du Mich ein!

ICH schenke dir dort:

Kraft und Neuorientierung.

Werde du stille in Mir!"

Strom des Lebens

Geworfen in den Strom des Lebens,
von Wellen und Wirbeln überspült,
von Stromschnellen und Strudeln ergriffen,
vorbei an Klippen und Felsenriffen
und oft hinuntergezogen
von gewaltigen Wogen.

Strom des Lebens -
manches Mal kränkende Konstellationen,
beängstigende Stationen,
ja, lebensbedrohende Situationen.

Strom des Lebens, –
doch auch vielerlei
erquickende, erfrischende,
spritzige, spannende,
glitzrige, glückliche,
leuchtende, lichtvolle,
kraftvolle Zeiten
will ich nicht bestreiten.

Hineingeworfen?
Oder bin ich selbst gesprungen?
Hinein in dieses Abenteuer „Erdenleben"?

Es gibt Tage der Klarheit und Tage des Lichts,
doch auch Tage, da weiß ich ganz einfach Nichts:
Taub, taumelnd, erstarrt, erschrocken, entsetzt,
erschüttert, erschöpft, gelähmt, -
Angst vor `nem Abgrund, der vielleicht dort gähnt?

Dennoch: nicht verzweifeln,
nicht verzagen,
weiter wagen,
durchhalten,
Leben gestalten,
durchringen,
Schicksal bezwingen
wach werden,
weiterschwimmen,
erinnern:
in den bisherigen Strudeln, auch in geballten, wurd` ich gehalten
und auf sichere Inseln gebracht.
Bei Abstürzen in dunkle Nacht,
ja in Abgründe
und tiefe Schlünde
wurde ich wieder aufgefangen
und ein Licht ist mir aufgegangen:
In mir lebt etwas Unverletzbares, Unzerstörbares, Wunderbares!

Strom des Lebens –
niemals vergebens,
durch Erfahrungen reifen,
dies will ich begreifen.

Das Ziel ist das Meer, –
der Ozean der göttlichen Liebe,
die Weite, die Erfüllung, Freiheit!

Treue

Treu möcht' ich sein, Dir zu dienen.
Doch so vieles zieht mich ab.

Treu möchte' ich sein, voller Kraft!
Doch so vieles macht mich matt.

Treu möchte' ich leben meinem Herrn.
Für Ihn möcht' ich leuchten, ja so gern.

Doch so schnell macht der Alltag alles grau.
Fühl` mich oft als erschöpfte, alte Frau.

Trennung scheint normal im Erdenleben.
Doch was möchte' ich Kindern weitergeben?

Sicherheit und festes Fundament
kann nicht wachsen, wenn zu schnell getrennt.

Treu in guten, wie in schlechten Tagen.
Wer kann diesen Kampf alleine wagen?

Eine Ehe, die auch Schweres kann ertragen,
braucht den Herrn als Lenker vor dem Wagen.

Helfer Jesus, Heil'ger Geist,
Gott, der Quell, der mich anweist,
dass ich überwind' die Schwere
und verzeih' durch Seine Lehre.

Entscheid' für alles zu danken Dir,
dass in den Schranken hier,
ich lern' von Dir –
und erkenne: DU bist treu!
Täglich neu
erneuerst Du mich
und mein Inneres altert nicht.

Durchs Leistungsdenken,
durchs Mich-Verrenken,
Stress und viel zu viel Denken,
durch Unvergebenheit, Selbstmitleid,
durch meine Untreue Dir gegenüber,

wegen vermeintlich zu wenig Zeit
und deshalb zu wenig in der Stille sein,
kam ich in enorme Erschöpfung rein.

Doch Du bist treu,
das ist nicht neu.
Tag und Nacht
hälst Du Wacht.

Erquickst die Deinen,
auch wenn wir weinen
und meinen allein zu sein.

Gottes Treue, Gottes Wille,
erkannt in der Stille,
ist unveränderlich, unwandelbar
und immer da!

Da wird mir sonnenklar,
wie wunderbar
es ist, dass ich aus Deiner Treue,
Deiner Nähe gar nicht rausfallen kann,
auch wenn ich im Erdenwahn
verstrickt noch bin.

DU bist treu!

Trost
Mobbing an Arbeitsstelle; Kind schwerste Schulängste

Im Dunkel der Nacht
bin ich oft aufgewacht,
spürte Enge in der Kehle
und dass alle Hoffnung fehle.

Sah alles nur voll Not,
spürte Schrecken und Tod,

keine Kraft mehr zum Leben,
nur noch Zittern und Beben.

Bedrückende Lasten, so schwer.
Ich kann atmen kaum mehr!
Angst, Lähmung, Verzweiflung und Trauer.
Dies ist doch kein Leben auf Dauer!
Ich brauche Befreiung, Erlösung!

In der Stille kam der Trost:
„Freue dich an Meiner Liebe,
freue dich an Meinem Licht!
Sei und bleibe du auch heute
ganz auf Mich ja ausgericht`!

Lebe Meine große Liebe,
segne, tröste, helfe du,
leb' aus Meinem großen Frieden,
wisse: Gott ist Heil und Ruh'!

Streck' dich aus nach Meiner Wahrheit,
tanke täglich bei Mir Kraft,
dann kann strömen Licht und Klarheit
durch dich durch als Lebenssaft.

Dann wirst finden du den Frieden,
höher, stärker als Verstand.
Dann wirst zeigen du auch Andren
ihren Weg zum Heimatland.

Freue dich an Meiner Liebe!
Werde stark im Glauben nun,
dann kannst eins mit allen Seel'gen
an dem Vaterherzen ruh'n."

Trost im Tunnel

„Hab' keine Angst, Mein Kind, am End' wartet das Licht.
Was unterwegs geschieht, fürchte das nicht!

Mögen auch Lasten schwer drücken dich nieder,
kriechst du auch vorwärts nur, -
einst stehst du wieder!

Dunkel ist mancher Gang, voller Gefahren.
Atmen fällt dir so schwer. – ICH tu dich bewahren!

Tunnel, gar viele schon hast du durchlitten,
doch stets an der Seite dir bin ICH geschritten.

Schutz und Schild geb` ICH dir auch in der Nacht.
Immer halt über dir ICH ja die Wacht!"

Überwinder werden

Die Liebe bittet leise:
„Halte inne,
werde stille,
denn Mein Wille
spricht zu dir!

In Mir ist Freude,
auch im Leide.
ICH stehe zu dir.

In allen Tagen,
trotz allen Plagen
wirst du wachsen zu Mir.
ICH stehe zu dir.

In aller Schwere,
trotz innerer Leere:
Komm her zu Mir!

In allen Schranken,
trotz allem Wanken,
ICH freu` Mich an dir.

ICH lieb` Meine Kinder.
Werdet Überwinder,
dann könnt ihr Mich sehn!

ICH helf` euch dabei.
Es ist einerlei,
wo im Leben ihr steht,
welchen Weg ihr grad geht.
Wenn ihr sprecht: „Bitte!"
dann komm ICH in die Mitte
eures Denkens, Fühlens und Wollens hinein
und gemeinsam gehen wir heim."

Umkehr hin zu Hoffnung und Vertrauen

Ausgelaugt,
  ausgepresst,
    ausgewrungen,
      ausgebrannt,
ans Haus gebannt.

So schwach,
  so elend,
so voller Schmerzen,
alles zu sehr mir genommen zu Herzen.

Ohne Kraft,
  ohne Saft.
Diese Schwere
  der Erde
drückt mich nieder.
Wie Blei alle Glieder!

Und dennoch:
  Die Hoffnung!
Ein Fünkchen Leben!
Atmen fällt schwer, -
dennoch kann ich bewegen
die Hand, um zu schreiben
die Gefühle nieder –
und langsam kommt das Vertrauen wieder:

Dies ist nur ´ne Phase, ein Abschnitt nur.
Gott ist mein Kraftquell' und Leben pur.

Was ich erlebe, hat ´nen tieferen Sinn
und führt mich näher zur Quelle hin.

Schmerzen, Krankheit und diese Schwere
sind zugelassene, höhere Lehre,

damit ich lerne:

Vertrauen, dass Gott ist nicht ferne.
Er hilft ja so gerne,
ist mir zuseiten,
stets mich zu begleiten,
möcht' mich erfüllen
mit Liebe einhüllen,

durchdringen mein Sein:
Jede Zelle klein,
jeden Nerv, jeden Knochen.

Wenn die Angst rausgekrochen
und Ihm hingelegt,
dann Er mich erfüllt, Er mich umhegt,
wie eine Glucke die Küken klein.

Dann lern' ich vertrauen der Führung Sein
und leg' die Gefühle, Gedanken und Sorgen
Ihm hin: Er liebt mich und dich heute und morgen
und in alle Ewigkeit!

Alles wird gut!

Umwandlung

So viel Not, Probleme auf Erden,
so viele Beschwerden.
Zerbrochen der Traum vom Paradies
und die Hoffnung auf irdische Liebe.

Zerbrochen das Herz, ich fasse es kaum,
die Hoffnung, der irdische Halt.
Es ist mir so kalt.

Gescheitert die Pläne vom irdischen Glück,
der Blick schweift zurück.

Viele Scherben.
Doch mitten im Verderben
keimt neues Leben.

Aus Mist, Kompost, Zerbruch, aus vergänglichem, stinkendem Tand
machst Du blühendes, duftendes, fruchtbares Land.

Das Weizenkorn in der Erde vergeht, -
doch es entsteht
aus dem Keim
vielfältig neues, Nahrung spendendes Sein!

Auch auf anderen Ebenen
entsteht neues Leben:

Der Schmerz, er heilt.
Ich werde befreit
von jammernden Wunden,
von schmerzenden Schrunden,
vom egoistischen Denken.

Lerne schenken,
lerne vergeben,
lerne lieben das Leben,
lerne vorwärtsschauen,
auf Gottes Führung bauen,
überwinde die Leere,
die lähmende Schwere
des Egoismus, diese Not.

Erkenn': Du bist Gott!
Du wurdest Mensch, lebtest das Leben hier,
erlebtest die Nöte hier,
besiegtest das Dunkle hier,
zeigst nun den Weg zu Dir,

zurück zum Licht.

Du verlässt mich nicht!

Heilst alle Wunden,
weil Du überwunden
hast das irdische Sein.
Wurdest ganz klein,
kamst herein
in unsere Not,
Du unendlicher Gott.
Danke!

Unverzagt sein

Von Menschen betrogen, belogen,
hintergangen, verlacht,
gescheitert, geschieden,
niemals hätt' ich gedacht,

dass Nachfolge Christi so an Grenzen mich bringt,
dass dunkle Versuchung so um mich ringt.

Doch im Inneren da klingt ein leiser Ton
schon seit Jahren, da hört' ich dies manchmal schon:

„Sei unverzagt!
Lass die Hoffnung nie los!

Es gibt den Himmel und in Gottes Schoß –
einst findest du Trost.

Alles wird sich dann klären. –
Auf Erd' ist noch Not.
Du musst dich nicht wehren,
doch vertraue auf Gott!"

Urteilsfrei werden

Die Splitter in den Augen meiner Nächsten regen mich auf,
Zuhauf,
wenn ich selbst mit gleichen Problemen,
mit gleichen Themen
zu kämpfen habe.

Gott, schenke Du mir die Gabe,
dass ich mich nicht labe
an den Schwächen anderer
Erdental-Wanderer,
sondern erlebe Deine Gnade
und Erlösung über all unserem menschlichem Gehabe
erhaben.

Ich will nicht mehr richten und urteilen,
sondern mich ganz ausrichten
auf Deine Wahrheit
und Deine Klarheit,
in Deine Nähe eilen,
um in Deinem Frieden zu verweilen.

Frei werdend vom Kraft nehmenden Kritisieren,
lern' ich, mich über mich selbst amüsieren,
vor allem: die anderen lassen steh'n,
lerne sie mit Deiner Liebe zu seh'n.

Dann erkenne ich langsam mehr und mehr,
- das Ego fürchtet diese Wahrheit sehr -,
dass wir alle Dir zum Bilde geschaffen sind:

Alle, jeder ist ein geliebtes Gotteskind! -
Vielleicht noch zerzaust vom Erdenwind,
noch in manchem Irrtum gefangen,
noch voller Angst, Not und Bangen.

Doch Du hast die Erlösung vollbracht,
befreist aus tiefer, dunkler Nacht
und der trübe Blick lichtet sich mehr und mehr:

In jedem Gegenüber,
in jedem Menschen,
    -    leider noch mit Grenzen -,
lern' ich Dein Wunderwerk erblicken,
an Deiner Vielfalt mich entzücken,
im andren Herrlichkeit zu sehen,
voller Gewissheit:

Deine Schöpfungen werden nie untergehen,
denn alles Wahre bleibt bestehen.

Du hast die Macht,
mich
und alle meine Brüder und Schwestern,
heute und gestern
und für alle Ewigkeit
zu erheben hinein in Deine Gerechtigkeit,
in Deine Richtigkeit, Vollkommenheit!

Vergebung

Durch das Erleben,
dass mir wurd` vergeben,
dass ich geliebt,
geheilt,
geheiligt bin, –

wende ich mich hin
zu dem Mitmenschen,
der noch in den Grenzen
der Lieblosigkeit lebt,
für den kein Tag ohne Stress vergeht,

der sich stets um seine Sorgen dreht
und Gottes Liebe noch nicht versteht.

Mit Gott, der Liebe und Vergebung schenkt,
wird alles wieder eingerenkt.

Und ich lern' durch Ihn auch einlenken,
und nicht mehr aus Angst mich verrenken,
sondern Seine Liebe,
Vergebung weiterschenken.

Aus dem Erleben,
dass Gnad' mir gegeben,
kann auch ich vergeben
und weiterleben
und weitergeben
die Gewissheit,
dass Er alles heilt!

Vergebung zu lernen und sie zu leben,
diese Aufgabe wurde uns gegeben
und mit all unsrem Wollen und Streben,
soll'n wir dies auf Erden weitergeben.

„Siebzigmal siebenmal" soll'n wir vergeben
und dadurch Deine Liebe weiterleben.

Dies heißt: immer und immer wieder verzeihen.
Dann wird endlich Heilung gedeihen!

Verheißung

„Verheißung, -
noch nicht erfüllt, -
doch warte, es wird enthüllt!

Wachstum braucht seine Zeit. –
Ungeduld würd' es zerstören.

Harre aus, bald ist es so weit, –
lasse dich nicht betören.

Knospen entfalten sich,
jede zur rechten Zeit!

Habe Geduld, Mein Kind,
bald ist es so weit."

Vertraue!

21Jährige hatte riesige Angst vor Prozesstermin wegen angeblicher Gefangenenbefreiung

„Kindlich vertrauen heißt:
fest auf Mich bauen,
nicht furchtsam nach hinten oder andre schauen.
Lernt zu wissen, dass ein Hirte euch führt,
der immer den besten Weg erkürt,–
auch wenn ihr nicht spürt,
wie nahe Er ist.

Habe Vertrauen, so ruf' ICH dir zu!
Gehe getrost die Wege, die ICH dir zeige
und lerne liebend zu ertragen auch alles Schwere.
Beuge dich, Kind –
und trage geschwind
alles Dunkle, das dir begegnet an Mein Vaterherz!
ICH bring's in die Lösung, befreie vom Schmerz.

ICH hole heim, was verloren sich meint
und einsam, verlassen, traurig weint.
Alle Schafe führe ICH heim in den Stall.
Es wird herrlich werden, wie einst vor dem Fall
und jubelnd wird sein der Engel Kunden:
Alles hat wieder heimgefunden!

Drum freu' dich, freuet euch immer aufs Neue
und haltet stets Mir, dem Heiland, die Treue.
Verzaget nie und wisset stets:

Der Heiland, der liebt uns und kennt unsre Wege,
was auch geschieht: Er führt heim uns, oft auch dunkle Stege.
Vertrauen, so heißt die Losung heut'!
Vertrauet und danket in Leid und in Freud!"

(Eine Gruppe von Christen betete während des Prozesses. Maria lebte mittlerweile nicht mehr in Frankfurt, sondern hatte sich in der Schweiz für die bewusste Nachfolge Jesu entschieden. Zum völligen Erstaunen aller (auch der Verteidiger) entschied die Richterin: Niederlegung der Anklage, weil die Angeklagte schon genug Prügel bekommen hatte!)

Vertraue ganz!
sehr große Geldsorgen

Sorgen wollen drücken hin nach Morgen.
Doch vertraue und baue auf Den, der sagt:

„Sorge dich nicht, werfe alle Sorgen auf Mich,
denn ICH kenne dich.
ICH tröste dich.
ICH liebe dich.
ICH weiß um alles, was du wirklich brauchst.
Vertraue ganz und gar
mit Haut und Haar –
und vergiss nicht:

ICH liebe dich!
ICH sorge für dich und die deinen.
Hör auf zu weinen
 und zu greinen,
denn die Feinen,
die Reinen,
die, die streben
nach dem wahren Leben –
werden behütet
von Gottes Güte,
werden getragen,
von Dem der erhaben
 ist über die Not.
Vertrau deinem Gott,
richte auf deinen Kopf!
Du bist kein armer Tropf,
sondern gesegnet bist du.
Dies schenkt deinem Herzen Ruh
und täglich neue Kraft
von Dem, der Alles schafft,
der Welten lenkt
und dir alles schenkt, was du bedarfst. Vertraue ganz!"

Vertrauen

„Gott gebe uns ja jeden Tag was es bedarf zum Leben. –
Er gibt's den Spatzen auf dem Dach – wie sollt Er's uns nicht geben."
Mit diesen Worten ging ich in die Ehe – doch wehe.
Da gab es Zeiten, die waren so dürre,
dass ich dacht': ich werde irre.
So viele Sorgen und Fragen an manchen Tagen!
Ich wollt' doch vertrauen und ganz auf Dich bauen!

Doch Zweifel, die nagen, bringen manche Fragen:
Ein toter Spatz – hat's Gott nicht gesehen?
Siehst Du meine Not? Manche klagen: Du seist tot.
Der tote Spatz. Es war die Katz' – O.K.
Und wenn ich ganz genau hinseh':
Hungern musst' ja keins unsrer Kinder –
und im Winter –
da heizten wir halt nur einen Raum, -
dann spürt man die Kälte nur noch kaum.

Und durch Deinen Geist, der Menschen anweist
und wohl auch all' die Spatzen speist,
kam immer Trost:
Manchmal Post, manchmal Obst,
oft sagten Verwandte, besonders 'ne Tante,
dass sie zurzeit nicht schlafen kann:
sie denke an uns – wir hätten wohl Not.
Sie solle uns helfen, dies käme von Gott.
Rückblickend kann ich nur dankend sagen:
Du hast uns treu durchs Leben getragen.

So werde ich auch die letzten Jahre
vertrauen auf Dich auch auf der Bahre -
wissend: so wie die Lilien auf dem Feld:
Ich brauche Dich, nicht so sehr das Geld.

Und dankbar blicke ich zurück
und sehe wie Du Stück für Stück

aus Chaos, Mist und Kompost hier –
was Neues sprießen lässt bei mir.

Wach werden

Zähe Macht der Gewohnheiten
binden euch in Unfreiheiten,
binden euch in Ketten,
getarnt mit netten,
mal schönen,
mal dröhnenden,
mal faszinierenden,
triumphierenden,
mal erschreckenden,
mal neckenden,
die Fantasie fütternden,
oft erschütternden
Bildern.

Stundenlang
lasst ihr euch umgarnen,
bildet euch dabei ein zu enttarnen,
zu durchdringen,
zu verstehen
den Irrsinn dieser Welt.
Doch der Blick ist euch verstellt.

Ihr stumpft dabei ab,
kommt näher dem Grab,
anstatt dem Licht!
Täuscht euch nicht!
Verschwendet nicht eure Lebenszeit.
Macht euch innerlich bereit.
Es ist Wendezeit.
Erkennt die Grenzen des Materiellen,
wendet euch zum Licht, zum Hellen,
zur Wahrheit, zur Liebe, zur Kraft,
die Neues, Lebendiges schafft.

Werdet wach!

Wahrheitssuche

Meine und all meiner Erdengeschwister
wirkliche Identität möchte ich erkennen, erinnern,
so wie Du uns ursprünglich erschaffen hast,
wie wir von Dir gemeint waren:
Gut,
licht,
heil,
wunderbar,
vollkommen,
Dir zum Bilde.

Doch noch so weit weg davon im Alltag…

Das Ziel:
Ganz im Jetzt,
in der Liebe,
im Licht sein,
im Vertrauen,
in der Güte,
in Dir sein.

Du hast verheißen:
„Ihr werdet die Wahrheit erkennen
und die Wahrheit wird euch frei machen."
und: „ICH bin der Weg, die Wahrheit und das Leben."

Durch meine Liebe zu Dir und meinen Mitgeschöpfen
und durchs Innehalten, Stillewerden
komme ich der Wahrheit näher.
In dieser Welt herrscht so viel Irrtum, Unwahrheit, Angst, Wahnsinn,
Ver-rücktheit, Verwirrtheit, Kaputtheit.
Ich sehne mich nach Heilung, Ganzheit,
Vollkommenheit, Klarheit, Wachheit, Wahrheit.

Die Griechen sagen zur Wahrheit: a-letheia=Un-verborgenheit; Nicht-vergessen,
also: Erinnern!

Hilf Du mir, mich mehr und mehr zu erinnern,
wach zu werden, das Verborgene aufzudecken,
die Wahrheit zu erkennen!

Als Kind wollte ich so gerne Detektivin werden,
um hier auf Erden
Verborgenes aufzudecken.

Ich suchte in vielen Büchern, vielen Lehren,
voller Wahrheitsbegehren.
Doch massenhaftes Bücherwissen
kann Wahrheit verstecken und zudecken.

Erdendenken
kann uns ablenken
vom wahren Ziel.

Doch Du lädst uns ein
in Deinem Reich zu sein, das nicht von dieser Welt ist.

Wärme

Der Wind vertreibt das Weh.
Ich sitze still am See:
Wasser, Wogen, Wellen,
die am Ufer zerschellen.
Luft, Licht, Leben,
das der Schöpfer uns gegeben.

Nach der Angst dieser Nacht,
neues Leben in mir erwacht.
Wärme, wohlige Wonne. –

Ich strecke mich in der Sonne.

Liege im Gras, spüre die Schwere der Erde.
Doch die wandelnden Wolken weit
erinnern mich: "Heimat in Herrlichkeit!"

Bin nicht Körper, ahn' Seele und den Geist,
der den Weg mir weist.
Ich tanke auf im Tageslauf.

Deine Schöpfung ist gut.
Sie tut mir gut, erwärmt, tröstet mein Blut.

Die Schwere heute Nacht. -
Was hat sie gebracht?
Ich hätte nie gedacht,
dass der Tag heut` so hell wird.

In die Kälte dieser Welt
sind wir hier hineingestellt.

Doch das wachsende Vertrauen, das Hoffen,
dass durch Dich der Himmel ganz offen,
dies hilft, dass dort, wo ich lebe,
ich Hoffnung nun weitergebe.

Und dadurch selbst mehr Wärme erlebe
und andre erwärmend zu Dir mit erhebe.

Wegweiser

Ganz auf Gott bauen,
nicht auf Menschen schauen.

Menschen sind wie Blätter im Wind,
können irren, dich verwirren wie ein Kind.

Gott ist Fels, Burg und Turm,
steht stets fest im Wind, steht fest im Sturm.
Bau', trau' auf Ihn!

In allen Zeiten
wird Er dich begleiten,
dich schützen.
Schau auf Ihn, das wird dir nützen!

Er wurde Mensch in Jesus Christ,
damit Er Brücke und Wegweiser ist
für Jeden, der die Wahrheit sucht,
egal ob arm, ob reich betucht.

Grad' auch die Schwachen, die sich sehnen,
brauchen den Halt zum Dran-Sich-Lehnen,
grad' auch für diese wurd' Er Mensch
und schenkt uns Hoffnung unbegrenzt.

Grad' auch für die, die zerbrochen sind,
sagt Er: „Komm her, Mein geliebtes Kind!
ICH führe dich und heile dich,
zieh' aus dem Abgrund dich ans Licht.
Vertrau' und schaue ganz auf Mich!

ICH halte dich
und erhalte dich –
und das ganze Universum. Vertraue!"

Wunder

Es gibt so viel' Wunder in dieser Welt,
doch meist ist der Blick drauf uns zugestellt.
Dir zur Ehr' möcht' ich ein'ge hier erzählen
für alle die, die noch Zweifel arg quälen:

Jesus, Dir verdanke ich alles,
Du hast mich befreit:
aus dem zu Ängsten erzogenem Mäuschen,
das oft sich nicht traut allein aus dem Häuschen,
hast Du eine gläubige Frau gemacht
und hilfst mir werden, wie Du mich gedacht.

Bei einem Prozess, da war ich angeklagt,
denn ich – ganz jung - hatt' Polizisten anzuschrei'n gewagt.
Da hast Du die Richterin bewegt,
dass sie die Anklage niederlegt.

Von einem Kirschbaum fiel ich hinunter,
dennoch blieb ich ganz heil und munter.
Eine Schlucht abwärts und in einen Schacht
stürzte ich ab, doch Du hieltst die Wacht.

Mehrere Ärzte hatten festgestellt,
dass ich keine Kinder kann bringen zur Welt.
Doch durch Deine Gnade und manch' Gebet
5 Kinder und `ne Schar Enkel hier stehet.

Durchs Studieren hatten wir kein eig'nes Geld,
dennoch hast Du uns in eignes Haus gestellt.

Einsam dann, ohn' Geld, vom Mann verlassen,
meinten viele, ich solle nun hassen.
Doch der himmlischen Liebe glaubt' ich treu.
Sie verhieß mir Blühen im Garten neu
und weiter vertrau'n Ihm, unsr'm Heiland,
dann bekäm` ich Ring mit `nem Diamant.
Nun, staune: durch eine betende Tante,
die persönlich Jesus, ihren Heiland nannte,
kam eines Tags ein Diamantring zu mir.
Ich dank' noch heute für dies Zeichen von Dir!

Ein 8-Zentimeter-Knoten im Bauch

bedrückte mich auch.
Die Ärztin riet dringend zur Operation!
Doch durch Gebet verschwand er dann schon.

Am Heiligen Abend, bei uns ganz nah,
vor unsrer Haustür ein Unfall geschah.
Der Nachbar meinte, der Fahrer sei tot.
Doch ich glaubt' dem Leben bringenden Gott
und betete laut und fort und fort
bis endlich Rettungsleut' kamen zum Ort.
Der junge Mann lange im Koma lag,
doch wir beteten weiter, Tag für Tag.
Es ging 'ne Weile. Gott hat nie Eile.
Der junge Mann konnt' dann wieder gehen
und später sogar ein Studium bestehen.

Mit Sozialhilfe darf man nicht studieren.
Auf Dein Geheiß hin, tat ich's doch probieren.
BAföG bekam ich, 45 schon.
Der Abschluss mit 50 war starker Lohn.

Als Alleingelassene mit 4 Kindern,
hieß es, würd' ich nie mehr Ehemann finden.
Doch bei Dir ist alles möglich und gut:
Du schenkst' mir 'nen Mann, heiltest ihn von der Wut
und befreitest ihn von den Süchten all,
obwohl für viele: Hoffnungsloser Fall!
Nun wächst täglich unsere Liebe hier
und ein fünftes Kind kam zu den andren vier!

In allen den Zeiten mit großer Geldnot
schenkt' man uns Autos: blau, silbrig und rot.

Am Rücken sollt' operiert ich werden
wegen schlimmsten Bandscheib'nbeschwerden.
Doch Gottes mächtige Heilungskraft
auch heute noch große Wunder schafft.

Und viele sagten: das Haus sei nicht zu halten.
Ich will's ja nicht besitzen, doch für Dich verwalten!
Mit Deiner Hilfe sind's bald 30 Jahr',
seitdem wir drin wohnen: Wunderbar!

Das Dach, das hat Löcher,
noch und nöcher.
Doch Du zeigtest uns den Speicher als Saal,
wo Menschen Dich preisen in großer Zahl.

Dies mächtige Wunder wirst Du noch vollbringen,
darauf vertrau'n wir, wie in allen Dingen.

Zeit

Sie rinnt wie Sand durch unsre Finger,
von Tag zu Tag wird sie geringer.
Zeit auf der Erde zum Lernen und Streben.
Zeit, um zu lieben, zu kämpfen, zu leben.

Zeit, seltenes Gut heute hier auf Erden,
nutze sie gut trotz mancher Beschwerden.
Nutze sie rechtens, nutze sie heilig,
nutze sie wirklich, denn wahrlich eilig

rinnt sie dahin.
Nutz` sie, damit sie dir bringt Gewinn.
Sammle dir Schätze fürs Himmelreich,
sammle nicht Schätze den Dieben gleich.

Sammle die Schätze, die ewig sind:
All die, die bringen dich wie ein Kind
näher zur Liebe des Vaters hin:
Tröste die andren und weise sie hin
zu Dem, der die Liebe und Wahrheit ist,
der uns gesandt wurd`: Jesus, der Christ`!

Zeige den Menschen den Weg zu Ihm hin,
dann hat dein Leben, deine Zeit Gewinn.
Begreifet doch endlich das wahre Ziel:
Liebet einander, dies geht nicht zu viel,

liebet und traget einander hin,
dann hat euer Leben echten Gewinn.
Liebet und betet und danket dem Herrn.
ER ist ja das Ziel. ER ist dir nicht fern!

ER selber ist außerhalb aller Zeit.
ER verheißt uns: Leben in Ewigkeit!

Ziel

Echtheit und Wahrhaftigkeit
sei dein wahres Sonntagskleid!
Echtheit, durch und durch gepruft,
weil Sein Heiliger Geist dich ruft.

Nachzufolgen in Sein Reich –
ist nicht leicht.
Gewogen, gemessen, geprüft wirst Du.
Es ist nicht einfach bis du findest Ruh',
bis deine Seele den Punkt erreicht,
wo sie sich sicher fühlt, ganz genau weiß:

Hier bin ich richtig und dies war der Plan,
mit dem ich dies Erdenleben begann.
Hier ist der Auftrag, hier meine Pflicht,
hier kann durch mich leuchten Sein göttliches Licht.

Voll Unruh und voll mit eigenen Plänen
suchen wir Menschen und hoffen und wähnen,
dass durch unser eignes Tun und Handeln,

wir könnten die Erde zum Guten hin wandeln.

Oft erleben wir erst im menschlichen Scheitern,
dass Gott uns lässt unsren Horizont erweitern,
dass wir zerbrochen erst in unsrem Sein,
lassen Seine Führung, Sein Licht herein.

Menschliche Pläne sind sehr begrenzt,
doch wenn nach Zerbruch nun ER ergänzt,
ER neu zusammenfügt, was war zerstört
und der Mensch dann auf Gottes Stimme hört,
dann kann aus den Scherben des menschlichen Leben'
Gott Wundervollstes, Geläutertes weben.

Dann wird „Blei" zu Gold, „Asche" zu Schmuck,
denn nur durch unermesslichen Druck
entsteht Diamant!
Drum sei nicht verrannt!
Der, der dich schuf, vom Mutterleib kannt',
hat 'nen guten, vollkomm'nen, sinnvollen Plan!
Vertraue doch Ihm und lehne dich an!

Die Liebe Gottes ist unendlich groß. –
Er wartet, dass alle zurückkehr'n zum Schoß,
zu Ihm, Der aus Liebe alles erschuf.
Nun halte inne und lausch' Seinem Ruf.

Er ruft Seine Kinder weltweit nach Haus'.
Öffne die Ohren und mach dir nichts draus,
was die Welt rundum macht mit Geschrei und Tand.
Komme zu Jesus! Er nimmt deine Hand
und führt dich sicher, geduldig zu Gott.

Dort wo all' Mühsal, all' Angst, alle Not
hat ein Ende – und keine Träne mehr fließt,
sondern ewig die Fülle bei Gott du genießt.

Vertraue – auch in dieser Prüfungszeit!

Sei bereit!
Es wird alles allen zum Guten dienen. Vertraue!"

Zuflucht

Der Tröster spricht zu verzagter alleinerziehender Mutter:
„Komm, zerbrochenes Herz!
ICH seh' deinen Schmerz,
ICH kenne die Not,
obwohl ICH bin – Gott.

Komm, traurige Seele!
Lass los, was dich quäle
und wähle:
Mich!

Komm, verzweifeltes Kind!
Komme geschwind
und werde ganz stille,
nimm an Meinen Wille`:

Er will dein Bestes nur.
Er führt auf die rechte Spur.
Vertraue nur!"

Zukunft

Die Schönheit Deiner Schöpfung spiegelt nur schwach
die Herrlichkeit, Größe Deiner Liebe nach.
Vielfalt der Natur und Farbenpracht
in mir schon volle Ehrfurcht entfacht.

Die Blumen, die Vögel, die Gräser hier,
sie zeigen ein zartes Abbild mir
dessen, was Du uns zugedacht,
als Du das Paradies gemacht.

Materie - hier-, erstarrtes Sein.
Wie herrlich wird es erst im Himmel sein,
wenn all das Dunkle, die Schatten, die Schwere
erlöst sind und Alles lebt Dir zur Ehre?!

Wenn eindeutig Du wirst offenbar
in all Deiner Schönheit und Pracht wunderbar,
in all Deiner Herrlichkeit, Güte und Licht,
dies ertrügen jetzige Augen nicht.

Voller Edelsteinen und Licht-Diamanten,
die wir auf Erden nicht ahnten, nicht kannten!
Und alle Tränen - auf Erden geweint,
nun verwandelt in Perlen und - Alle vereint:

Melodien, Harmonien für Auge und Ohr
und edle Düfte dringen hervor.
Alle Wesen freundlich, ganz und gar hold,
die Dächer, die Straßen, alles voll Gold.

Brunnen, voll von kristallklarem Nass
und keine Trauer, kein´ Krankheit, pur Liebe, kein Hass!
-        Schönheit an Körper, Seele und Geist
ist völlig anders als Mode uns heißt:

Schönheit ist kraftvolle Harmonie.

Dies Gedicht schrieb ich am sonnigen Waldrand sitzend, dann schaute ich auf die Uhr,
stand schnell auf – und rutschte aus. Im Fallen dachte ich: "Jesus!" - Danach konnte ich nicht
mehr aufstehen...mein Auto 1 km entfernt...Funkloch...doch Gott sei Dank kam nach einer
Weile ein Fahrradfahrer...Im Krankenhaus kam die Diagnose: Oberschenkelhalsbruch!
Erst später die letzte Zeile:

Vor Deiner Schönheit beugt sich einst jedes Knie!

Nachwort

Als Kind wollte die Verfasserin Detektivin werden, um Geheimnisse, Verborgenes aufzudecken, ans Licht zu bringen.

Als Jugendliche wollte sie die Welt verändern, - und landete in der linksradikalen Szene.

3 Unfälle und die Entscheidung, bewusst Jesus nachzufolgen,
12 Umzüge und das Leben in verschiedenen Gemeinschaften,
5 Kinder in den verschiedensten Schulen,
ungewollte Scheidung,… veränderten sie, erweiterten ihren Horizont.

Im Alter nun, möchte sie ihre Erfahrung weitergeben, dass Gott alles zum Guten verändern kann und Er uns hilft, uns zu verändern, wenn die Bereitschaft dazu da ist.

Alles, was Gott geschaffen hat, ist gut. Und da Er allmächtig ist, wird Er alles zum Guten wenden.

Um Antworten auf die entscheidenden Lebensfragen zu bekommen, wünschen wir jedem die persönliche Begegnung mit dem auferstandenen Jesus Christus.

Tipps und Hilfen geben z.B.:
https://www.jesus-experiment.de/
https://www.gebets-experiment.de/
https://www.amen.de/

Gottes Liebe und vollen Segen auf allen euren Wegen!